MARIE FELIX

MEIN ERSTER BALKONGARTEN

NACHHALTIGE SELBSTVERSORGUNG OHNE EIGENEN GARTEN

Bibliografische Information der Deutschen Nationalbibliothek
Die Deutsche Nationalbibliothek verzeichnet diese Publikation in der Deutschen Nationalbibliografie; detaillierte bibliografische Daten sind im Internet über http://dnb.d-nb.de abrufbar.

ISBN: 9798702776316 (Paperback)

1. Auflage
Vollständige Taschenbuchausgabe, Februar 2021
Kleinstadt Publishing, Bamberg
Umschlaggestaltung: Johann Seiser
Illustrationen: Markus Winter
ISBN: 9798702776316
www.kleinstadtpublishing.de
© 2021 Kleinstadt Publishing

Mehr denn je arbeiten Unternehmen auf der ganzen Welt hart daran, ihren ökologischen Fußabdruck zu verkleinern. Und das aus gutem Grund. Jedes Unternehmen, ob groß oder klein, trägt zu den allgemeinen Auswirkungen auf die Umwelt bei. Deshalb ist es für alle, die an die Zukunft unseres Planeten denken, sinnvoll, sowohl im Büro als auch zu Hause umweltfreundliche Praktiken anzuwenden. Daher haben wir uns von Kleinstadt Publishing entschieden, keine Farbfotografien in unsere Printmedien einzufügen.

Du hast wenig Platz, lebst in der Stadt oder hast keinen eigenen Garten? Du möchtest dein eigenes Gemüse anpflanzen und ernten? Dann solltest du dir unbedingt einen Balkongarten anlegen! Dieses Buch ist die ideale Anleitung für dich. Wir werden alles besprechen, was du als Anfänger wissen musst und wie du mit deinem Balkongarten startest. „Mein erster Balkongarten" ist dein Leitfaden für das Balkongärtnern in urbanen Umgebungen für mehr Autarkie und Selbstversorgung!

Viel Spaß beim Lesen wünscht,

Marie Felix

INHALTSVERZEICHNIS

VORWORT

Mein erster Balkongarten

Ich glaube, dass ein gut gestalteter Balkon für Familien, Singles und Wohngemeinschaften überall eine großartige Möglichkeit ist, ihr Glück zu steigern und das urbane Leben in vollen Zügen zu genießen.

Du kennst die Herausforderungen, die das Leben in einer Wohnung mit sich bringen kann - Platz, Licht, Privatsphäre und so weiter. Auch Sicherheitsbedenken wie Feuer können eine nagende Sorge sein. Und so möchte ich dir helfen. Wir alle sollten von echten Erfahrungen lernen, wie der eigene Balkongarten als ein Ort der Flucht, der Freude und der Entspannung verwirklicht werden kann, vor allem während der langen Wochen des Lockdowns.

Wenn du neu in diesem faszinierenden Thema bist, dann kann es schwer sein zu wissen, wo du anfangen sollst. Einfache Aktivitäten wie Gartenarbeit, die so lohnend sind und erwiesenermaßen eine therapeutische Wirkung haben, können zu einem Dschungel von Informationen und Fachbegriffen werden, die dich nicht schlauer machen. Aber Hilfe ist zur Hand!

Seitdem ich es zu meiner Mission gemacht habe, das Leben derer zu verbessern, die sich dafür entscheiden, ein wenig näher am Himmel zu leben, bin ich auf Diamanten gestoßen, wohin ich auch schaue:

- Experten, die so viel Erfahrung im Balkongärtnern haben, um großartige Minigärten zu schaffen, um Träume zu erfüllen und die Menschen um sie herum zu inspirieren.
- Geniale Errungenschaften wie selbstbewässernde Pflanzgefäße, die dir das Leben leichter machen und den Balkongarten zu einem echten Abenteuer machen.
- Sogar Menschen, die Weizen auf dem Balkon bewirtschaften und damit Brot backen!

Und viele, viele mehr. Es gibt unzählige Möglichkeiten und ich bin so begeistert von dem, was auf einem kleinen Balkon entstehen kann. Dies alles möchte ich in drei Worten zusammenfassen:

VEREINIGUNG: Ich glaube, dass es wichtig ist, das Konzept der Gemeinschaft zu begünstigen und eine Fülle von Know-how zum Wohle aller zu teilen.

VERWIRKLICHUNG: Ich werde danach streben, das persönliche Wohlbefinden aller zu erhöhen, indem ich meine Leser dazu inspiriere, ihren eigenen Bereich der Zuflucht und des Glücks auf dem Balkon zu schaffen.

VERBESSERUNG: Ich werde dir Wege zeigen, wie du dein Zuhause durch balkonspezifische Produkte und Lösungen aufwerten kannst, die das Beste aus deinen Möglichkeiten im Freien machen.

DIE ERSTEN SCHRITTE ZUM EIGENEN BALKONGARTEN

Gärtnerparadies Balkonien

Der erste Schritt beim Balkongärtnern für Anfänger ist die Recherche und das Herausfinden wesentlicher Details für den Balkongarten, den du anlegen möchtest. Dazu gehören verschiedene Faktoren wie die Verfügbarkeit von Platz, Sonnenlicht, Wasser, das Budget und die Zeit, die du investieren möchtest. Basierend auf diesen Faktoren kannst du entscheiden, welche Pflanzen du anbauen möchtest und welche Ressourcen du für die Einrichtung benötigst

- ## WIE VIEL PLATZ HAST DU FÜR DEINEN BALKONGARTEN ZUR VERFÜGUNG?

Als Neuling musst du entscheiden, wie viel Platz du deinem neuen Balkongarten widmen möchtest. Willst du den gesamten Balkon mit Töpfen und Pflanzen füllen? Oder möchtest du sie nur in einem kleinen Teil des Balkons haben? Auch wenn du einen kleinen Balkon hast, ist es definitiv möglich, dort einen kleinen Garten anzulegen. Du kannst immer einen vertikalen Garten anlegen, indem du Töpfe anbringst oder ein paar schöne DIY-Spaliere baust.

- ## WIE VIEL DIREKTES SONNENLICHT BEKOMMT DEIN BALKON?

Ein weiterer wichtiger Faktor, den du in Betracht ziehen musst, ist die tägliche Menge an Sonnenlicht, die dein Balkon bekommt. Du musst die genaue Anzahl der Sonnenstunden pro Tag kennen. Dies kann manuell mit einer Stoppuhr oder mit einem Gartenwerkzeug, dem Sonnenkalkulator, gemessen werden.

Eine weitere Sache, die du überprüfen musst, ist zu ermitteln, welcher Teil deines Balkons die meiste Sonneneinstrahlung erhält. Einige Teile könnten durch die umliegenden Gebäude verdeckt sein und bekommen vielleicht den ganzen Tag über kein Sonnenlicht ab. Achte darauf, dass du den Bereich mit der größten Sonneneinstrahlung für deinen Balkongarten markierst, denn ohne sie würden einige deiner Pflanzen nicht lange überleben.

- ## IST DEIN BALKON WINDIG ODER WINDGESCHÜTZT?

Die andere Sache, die du bei der Planung deines Balkongartens berücksichtigen solltest, ist die Windsituation auf deinem Balkon. Viele Pflanzen halten sich in windigen Räumen nicht gut, während andere mit dem Wind gedeihen. Bevor du dich also für die Pflanzen entscheidest, die du anbauen möchtest, solltest du wissen, wie windig es auf deinem Balkon werden kann.

Wenn es sehr windig ist, kannst du auch Jalousien anbringen, damit der Wind den Pflanzen nichts anhaben kann.

- ## WIE VIEL ZEIT KANNST DU AUFBRINGEN?

Bestimmte Pflanzen benötigen besondere Pflege, während andere relativ einfach zu züchten sind. Bevor du die Pflanzen für deinen Balkongarten auswählst, solltest du sie gründlich recherchieren. So kannst du entscheiden, ob es dir möglich ist, die nötige Zeit und Mühe in die Pflege der Pflanzen zu investieren. Wenn nicht, kannst du, basierend auf der Zeit, die du zur Verfügung hast, aus einer Auswahl von Pflanzen wählen, die relativ einfach zu ziehen sind.

▪ WILLST DU LEBENSMITTEL ANBAUEN?

Dein eigenes Essen anzubauen kann fantastisch sein, da es frischer und besser schmeckt als die im Supermarkt gekauften Produkte. Der einzige Haken ist, dass du mindestens 6 bis 8 Stunden Sonnenlicht brauchst, um irgendetwas anzubauen. Wenn das kein Problem ist, solltest du dich über die verschiedenen Arten von Lebensmitteln informieren, die du leicht in Töpfen anbauen kannst. Wenn nicht, könntest du sogar in Betracht ziehen, einen Mini-Kräutergarten anzubauen. Rosmarin, Thymian, Basilikum, Minze sind einige Kräuter, die man leicht auf fast jedem Balkon anbauen kann.

▪ DEIN FINANZIELLES BUDGET

Ein weiterer wichtiger Faktor, den du vor dem Anlegen deines Balkongartens berücksichtigen solltest, ist dein Budget dafür. Generell kannst du Gartengeräte für jedes Budget finden. Aber es ist immer noch eine kleine Investition, die erforderlich sein wird. Aber keine Angst – du musst für deinen eigenen Balkongarten keinen Bankkredit aufnehmen!

WÄHLE DIE RICHTIGEN PFLANZEN FÜR DEINEN NEUEN BALKONGARTEN

Der nächste Schritt zum eigenen Balkongarten liegt in der Auswahl der richtigen Pflanzen. Basierend auf den Ressourcen, die dir zur Verfügung stehen, fragst du dich jetzt vielleicht, was du in deinem neuen Balkongarten anbauen solltest. Hier ist eine Aufschlüsselung der verschiedenen Kategorien von Pflanzen, die leicht in Containern und Gefäßen angebaut werden können, zusammen mit Vorschlägen, was du anbauen solltest.

- **BLUMEN**

Es gibt verschiedene blühende Pflanzen, die du auf deinem Balkon anbauen kannst, abhängig von den Bedingungen deines Außenbereichs. Einige brauchen direkte Sonne, während andere Schatten brauchen, um zu wachsen. Achte darauf, dass du die richtige Blühpflanze auswählst, die zu den Wetterbedingungen auf deinem Balkon passt. Im Folgenden findest du einige blühende Pflanzen, die auch für Anfänger leicht zu züchten sind und aus denen du wählen kannst

1. DEKO-PFLANZEN

Deko-Pflanzen sind perfekt für Innenräume und gedeihen in Balkongärten. Sie können das Aussehen deines Balkongartens aufpeppen. Unten findest du ein paar pflegeleichte Zierpflanzen für deinen neuen Balkongarten. Achte darauf, dass du die richtigen Pflanzen je nach den Wetterbedingungen in deinem Raum auswählst.

2. ESSBARE PFLANZEN

Wenn du in deinem Balkongarten etwas Essen anbauen möchtest, ist die beste Option für Anfänger, Kräuter anzubauen. Sie sind einfach zu züchten, wartungsarm und schmecken super frisch. Nachfolgend findest du einige einfach zu züchtende Kräuter für den Anfang.

- ### NEUGUINEA IMPATIENS

Die Neu-Guinea Impatiens sind perfekte Containerpflanzen. Mit der richtigen Menge an Sonne und Schatten, gedeihen diese Pflanzen mit einem Minimum an Pflege. Die Pflanze blüht kontinuierlich, wenn sie genügend Wasser und Schatten hat. Die Blüten der Neu-Guinea Impatiens reichen von Pfirsich bis zu heißem Pink und sind perfekt, um Farbe in deinen neuen Balkongarten zu bringen.

- ### LOBELIEN

Eine weitere pflegeleichte, blühende Pflanze ist die Lobelie. Die Farben der Blüten reichen von blau über lila und rot bis hin zu weiß. Diese Pflanzen wachsen leicht sowohl in Töpfen als auch im Garten. Sie benötigen vor allem tägliches Gießen und einen kühlen und feuchten Boden. Stehendes Wasser kann der Pflanze schaden. Sie sind perfekt für den Anbau auf Balkonen, die schattig oder halbschattig sind.

- ### FUCHSIE

Fuchsien sind die perfekten blühenden Pflanzen, um deinen neuen Balkongarten zu dekorieren. Sie gedeihen in Töpfen und hängenden Pflanzgefäßen, was sie zu einer idealen Ergänzung für jeden Balkongarten macht. Die Blüten der Fuchsie sehen exotisch aus in Schattierungen von rosa, rot oder lila. Sie wachsen am besten in kühlen Bereichen mit hellem Halbschatten und weg von der direkten Sonneneinstrahlung. Wenn du sie in Töpfen anbaust, solltest du darauf achten, dass sie regelmäßig gegossen werden.

- ## SÜSSKARTOFFEL

Eine tolle dekorative Pflanze für deinen neuen Balkongarten ist die schöne Süßkartoffelrebe. Sie wird normalerweise wegen ihrer attraktiven Blätter und ihrer Wuchsform angebaut. Die Blätter reichen von leuchtendem Grün über Limonengrün und Burgundertönen bis hin zu Rosa. Das Blattwerk fügt jedem Balkongarten eine Reihe von Farben und ein tropisches Gefühl hinzu. Die Süßkartoffelrebe benötigt viel bis sehr viel volle Sonne.

- ## KALADIE

Die Kaladie ist eine weitere tolle dekorative Pflanze für den Balkongarten für Anfänger. Das Caladium bicolor ist eine beliebte Pflanze. Diese Pflanze sollte im Sommer und Frühjahr häufig gegossen werden. Die Pflanze braucht Halbschatten bis keinen Schatten, um zu wachsen, was sie perfekt für jeden neuen Balkongarten macht.

- ## FORELLENBEGONIE

Eine weitere einfach zu ziehende und pflegeleichte Pflanze für deinen Balkongarten ist die Forellenbegonie. Die Blätter der Pflanze sind mit rosa, rot und grün oder cremeweiß und grün gepunktet. Die Pflanze ist perfekt, um Farbe in einen Innen- oder Außenbereich zu bringen. Die Pflanze braucht vor allem Schatten, um zu wachsen.

- MINZE

Minze ist schnell wachsend und pflegeleicht, was sie zu einem der einfachsten Kräuter macht, die man anbauen kann. Sie sind perfekte Containerpflanzen. Sie benötigen Morgensonne und Schatten am Nachmittag, also achte darauf, dass du sie an der richtigen Stelle auf deinem Balkon platzierst. Achte darauf, dass du den Boden sehr feucht hältst, damit dieses Kraut gut wächst.

- BASILIKUM

Ein weiteres einfach zu züchtendes Kraut für deinen neuen Balkongarten ist Basilikum. Die Pflanze benötigt einen gut durchlässigen, feuchten Boden mit einem neutralen pH-Wert. Achte darauf, die Pflanze jedes Mal zu gießen, wenn sich der Boden trocken anfühlt. Dieses Kraut benötigt etwa sechs bis acht Stunden volles Sonnenlicht. Es kann auch mit teilweisem Sonnenlicht angebaut werden. Achte also darauf, dass du einen Platz auf deinem Balkon wählst, der täglich sechs Stunden oder mehr Sonne bekommt.

- ROSMARIN

Rosmarin ist ein weiteres Kraut, das leicht in deinem Balkonkräutergarten angebaut werden kann. Er benötigt sechs bis acht Stunden volles Sonnenlicht und Wasser nur, wenn sich der Boden trocken anfühlt. Die Pflanze kann im Winter nach drinnen gebracht und unter hellem Licht gehalten werden, damit du sie weiterhin ernten kannst. Der beste Weg, um

Rosmarin anzubauen, sind Stecklinge von bereits etablierten Pflanzen. Diese wachsen schneller und benötigen weniger Pflege.

WÄHLE ZUM SCHLUSS DAS RICHTIGE GEFÄSS

Der nächste Schritt beim Balkongärtnern für Anfänger ist die Auswahl der richtigen Gefäße für deine Pflanzen. Die besten Gefäße für das Gärtnern auf dem Balkon sind normalerweise aus Plastik oder Fiberglas, da sie leicht und langlebig sind. Du könntest auch einen Pflanzkübel aus Holz für deinen Balkongarten wählen. Achte nur darauf, dass sie leicht sind, damit du sie leicht bewegen kannst. Wenn der Platz nicht ausreicht, kannst du auch einen vertikalen Garten mit Pflanzenständern anlegen oder dein Balkongeländer und die Decke nutzen, um deine Pflanzgefäße aufzuhängen.

GEMÜSE, KRÄUTER & SELBSTVERSORGUNG

EIN ESSBARER GARTEN AUF DEINEM BALKON

Selbstversorgung ohne eigenen Garten

In Zeiten, in denen wir mehr Zeit zu Hause verbringen und mit dem experimentieren wollen, was wir anbauen können, gibt es keinen besseren Zeitpunkt als jetzt, um zu versuchen, einige Kräuter und Essbares auf deinem Balkon oder deiner Dachterrasse anzubauen. Hochhäuser wären nicht der erste Ort, an dem jemand an den Anbau von Lebensmitteln denken würde. Aber dieses Jahr habe ich mich dazu entschlossen, es auszuprobieren und habe bis jetzt einige ziemlich interessante Ergebnisse erzielt.

Wenn du nur einen Balkon oder einen kleinen Platz im Freien hast, auf dem du Dinge anbauen kannst, dann lass deine Ambitionen nicht kleiner werden. Hier sind einige Möglichkeiten, wie du das Beste aus deinem Platz machen kannst und den Spaß hast, Dinge anzubauen, die du essen kannst.

Lass uns loslegen!

Die Verwendung von leichten Behältern ist ein Muss. So kannst du die Behälter umherbewegen. Abhängig vom Wetter oder davon, wie hoch du in einem Gebäude stehst, möchtest du vielleicht in der Lage sein, die Container in die Sonne oder aus dem Wind zu bewegen. Letzte Woche, als meine Pflanzen anfingen zu wachsen, musste ich sie während eines Kälteeinbruchs für ein paar Tage nach drinnen bringen, damit sie die besten Überlebenschancen haben.

Ich benutze einen recyclebare Pflanzkübel, denn diese Pflanzgefäße haben den Vorteil, dass sie auf Rollen stehen, so dass sie leicht zu bewegen sind. Außerdem haben sie ein Wasserreservoir im Boden, das den Pflanzen einen zusätzlichen Vorrat gibt, wenn sie trocken werden.

Es ist sehr wichtig, dass dein Kompost etwas Sand enthält, um die Drainage zu verbessern. Pflanzen mögen nicht zu viel Wasser, nur genug, wenn sie es brauchen! In exponierten Lagen kann schon der kleinste Wind Pflanzen und Container austrocknen, so dass die Wurzeln der Pflanzen keine Chance haben, die Feuchtigkeit wieder aufzufüllen. Wenn du eine Wasserquelle im Freien hast, kannst du ein automatisches Bewässerungssystem in Betracht ziehen. Diese werden über eine Zeitschaltuhr mit einer Batterie betrieben und sorgen dafür, dass die Pflanzen nachts bewässert werden, wenn die Pflanzen ihr Wachstum betreiben, indem sie das ganze gespeicherte Sonnenlicht als Energie nutzen.

Wenn möglich, solltest du deine Kräuter und Esswaren auf einem sonnigen Balkon oder einem Platz im Freien haben. Sie wachsen zwar schnell, aber sie brauchen die Sonne, um ihr Wachstumsmedium zu erwärmen und sobald sie sich etabliert haben, wird das Sonnenlicht ihnen beim Wachsen helfen. Aber behalte sie ebenso im Auge, damit sie nicht verbrannt werden. Wenn du sicherstellst, dass deine Pflanzen immer genug Wasser haben, dann sollten sie immer glücklich sein. Balkone im Schatten können gut für Salatblätter und duftende Kräuter sein, aber es ist am besten, eine gute Balance zu haben. Ich habe meine Kräuter auf einem Balkon mit Sonnenlicht den ganzen Tag und mein Gemüse steht bis zum Nachmittag im Schatten.

Bei höheren Gemüsesorten wie Tomaten und Bohnen brauchst du vielleicht etwas Unterstützung, um ihnen beim Wachsen zu helfen. Du kannst kleine Spaliere im Container verwenden oder Bambusrohre, um sie daran festzubinden. Es gibt jede Menge verschiedener Produkte online, also kannst du einfach entscheiden, was für dich am besten aussieht.

WELCHE PFLANZEN DU VERWENDEN KANNST - KRÄUTER

Winterharte, aromatische Kräuter findet man oft auf trockenem Terrain oder an Berghängen. Denke an die Strandspaziergänge am Mittelmeer, wenn deine Füße über die Kamille und den Thymian schrammen, die unter deinen Füßen wachsen. Aus diesen Gründen vertragen holzige Kräuter die exponierten Bedingungen eines Balkons. Du kannst Thymian, Lavendel, Rosmarin, Oregano und Kamille als deine Hauptakteure im Kräutertopf verwenden.

Ich habe schon Dachgärten gesehen, die mit Kräutern bedeckt waren und sie überleben fröhlich die ganze britische Jahreszeit. Außerdem riechen sie großartig. Ich füge Salbei und Minze hinzu, die glücklich unter ihnen wachsen. Damit hast du eine fantastische Sammlung von Kräutern, die du das ganze Jahr lang kochen kannst.

Weichere Kräuter, wie Schnittlauch, Estragon, Basilikum, Rosmarin und Petersilie sind etwas empfindlicher und benötigen eine andere Behandlung. Diese Kräuter werden im Wind nicht so glücklich sein und sie brauchen Sonnenlicht, um zu gedeihen. Ich fange mit diesen Kräutern in einem Behälter drinnen an, wo sie viel Licht und Feuchtigkeit bekommen. Wenn ich denke, dass sie stark genug sind, stelle ich sie nach draußen und behalte sie einfach im Auge. Du kannst sie auch zusammen mit deinen essbaren Pflanzen anpflanzen.

WELCHE PFLANZEN DU VERWENDEN KANNST - ESSBARES

Pflanzen wie Tomaten, Chilischoten, Zucchini, Zwergbohnen, Salatblätter, Radieschen und Rote Beete lassen sich alle leicht in einem Container anbauen. Ich mische sie so, dass die Pflanzen mit den größeren Blättern den kleineren Pflanzen Schatten spenden können und die großen Pflanzen wie Tomaten als Stütze dienen. So kannst du ein paar Radieschen in und um den Boden der Pflanzen stecken und du wirst mit kleinen pfeffrigen Leckerbissen belohnt. Dieses Jahr habe ich auch eine Fenchelpflanze zu meiner Liste hinzugefügt und sie wächst fröhlich neben der Tomatenpflanze heran.

Es ist eine gute Idee, deine Kübel und die Pflanzen darin gut zu pflegen. Schneide alle Blätter weg, die nicht gut aussehen und achte darauf, dass alles unten an den Stängeln, wo die Wurzeln beginnen, gesund aussieht. In Bezug auf Schädlinge bedeutet einer der Vorteile, hoch oben auf einem Balkon oder Dach zu stehen, dass du wahrscheinlich keine Probleme mit Schnecken oder Nacktschnecken haben wirst - es sei denn natürlich, ein vorbeifliegender Vogel hat auf seinem Weg vorbeigeschaut! Aber du könntest Blattläuse oder andere Insekten bekommen, die sehr hoch in die Luft fliegen können. Halte also ein Auge auf sie und suche im Internet nach Rat, wenn du denkst, dass es ein Problem gibt.

Du wirst also nicht in der Lage sein, deine Familie zu ernähren, aber du wirst Kräuter für alle deine Kochkünste haben. Und Salate mit Blättern und weichen Kräutern, Tomaten und kleinen grünen Bohnen werden ein absolutes Festmahl sein, wenn du sie schließlich erntest. Den roten Rettich aus der Erde zu holen, den du aus Samen gezogen hast, oder eine Tomate zu halbieren, reich an dem Geruch echter Früchte, wird eine voll befriedigende sensorische Erfahrung sein. Und was für eine Leistung, Essen für sich selbst angebaut zu haben.

VORTEILE EINES BALKONGARTENS

Lohnender Anbau von Gemüse und Kräutern
auf dem Balkon

Der Anbau von Pflanzen in Töpfen und Containern ermöglicht es dir nicht nur, sie auf kleinem Raum zu halten, sondern es gibt auch noch einige andere Vorteile des Balkongartens. Containergärtnern ist bei vielen Gärtnern sehr beliebt, da sie Pflanzen auf engem Raum anbauen können. Dies ermöglicht es dir, deine liebsten essbaren oder Zierpflanzen anzubauen, auch wenn du in einer städtischen Wohnung lebst! Hier sind einige Vorteile des Containergärtnerns, die dich dazu ermutigen werden, es weiter zu versuchen!

- ## GERINGE PFLEGEINTENSIVITÄT

Die Pflanzen im Containergarten benötigen dank des begrenzten Platzes weniger Pflege als die, die klassisch an Land angebaut werden.

- ## PORTABILITÄT

Liebst du den Begriff "Portabilität"? Mit Containern kannst du die Pflanzen überall hinstellen, wo du willst. Das ist besonders praktisch, wenn du eine anspruchsvolle Pflanze anbaust, die die richtige Kombination aus Sonne und Schatten braucht. Der Topf kann entsprechend leicht bewegt werden.

- ## WENIGER SCHÄDLINGSBEFALL

Schädlinge, die das größte Problem für die Pflanzen sind, haben beim Topfgärtnern nur minimale Auswirkungen. Selbst wenn die Pflanze von einem Schädling befallen wird, kann sie leicht behandelt oder an einen anderen Ort gebracht werden.

- ## GUT FÜR EINSTEIGER

Ein Balkongarten ist am besten für Anfänger geeignet, da es weniger Aufmerksamkeit und Pflege erfordert. Jeder, der wenig oder kein Wissen über Pflanzen hat, kann damit loslegen.

- ## ZEITSPAREND

Das Gärtnern im Topf ist eine zeitsparende Aktivität. Es erfordert weniger Aufmerksamkeit, Pflege und Energie.

- ## GUT FÜR ZIERPFLANZEN

Zierpflanzen brauchen weniger Platz und geben deinem Balkon und deiner Terrasse einen tollen Look!

- ## SICHERHEIT VOR HAUSTIEREN UND WILDTIEREN

Haustiere und Wildtiere sind eine der größten Bedrohungen für Pflanzen. Im Containergarten lassen sich Schäden durch Wildtiere weitestgehend eindämmen.

- BENUTZERFREUNDLICH

Das Containergärtnern ist bekannt für seine Benutzerfreundlichkeit. Jeder, vom Kind bis zum Teenager, vom Jugendlichen bis zum Senior, kann es einfach handhaben.

- FRISCHE LEBENSMITTEL

Heutzutage steigen die Nachfrage und die Bedeutung von frischen Lebensmitteln von Tag zu Tag. Durch das Gärtnern im Container kannst du ganz einfach frisches Gemüse oder Obst ernten!

- KONTROLLIERBARE BODENQUALITÄT

Beim Gärtnern ist es eine schwierige Aufgabe, die Qualität des Bodens aufrechtzuerhalten, da die Fläche sehr groß ist. Aber beim Containergärtnern ist das Szenario ganz anders. Du verwendest Erde und Dünger auf einer sehr kleinen Fläche im Vergleich zu einem großen Garten oder Hof. Das hilft, die Qualität des Bodens zu erhalten und den Befall von Insekten oder anderen schädlichen Krankheiten auf die Pflanzen zu minimieren.

- TOLLES HOBBY FÜR KINDER

Durch das Gärtnern in Containern kannst du deinen Kindern ein unterhaltsames Hobby vermitteln, indem du ihnen einen Pflanzentopf als Projekt zuweist. Diese Art von

Hobby schafft ein fürsorgliches und verantwortungsvolles Verhalten bei Kindern.

- **PLATZSPAREND**

Dies ist einer der Hauptvorteile vom Balkongärtnern. Es benötigt weniger Platz, wie z.B. einen Balkon, eine Terrasse, eine Dachterrasse oder eine andere kompakte Fläche.

Ich hoffe, dass du nach dem Lesen der oben genannten Vorteile mehr als genug Gründe hast, dich im Balkongärtnern zu versuchen und es zu deinem Hobby zu machen! In der heutigen Welt des schnelllebigen Lebens wird diese Art des Gärtnerns zu einer Notwendigkeit, da sie so viele Vorteile zu bieten hat.

GÄRTNERN MIT TÖPFEN

Das Containergärtnern auf dem Balkon

Das Gärtnern in Containern (= Kübel, Kästen, Kisten) ist die perfekte Wahl für den eigenen Garten auf dem Balkon. Egal, ob du einen kleinen oder einen großen Balkon hast, du kannst ganz einfach einen Containergarten anlegen, um deinen Raum zu dekorieren und etwas Grün nach draußen zu bringen. Das Gärtnern in Containern wird immer beliebter in Großstädten, wo es nur wenig Platz im Freien gibt. Wenn du also mit dem Gedanken spielst, deinen eigenen Containergarten anzulegen, wirst du nun herausfinden, wie du als Anfänger mit dem Containergärtnern beginnen kannst.

Einen Containergarten zu beginnen ist relativ einfach, da er weniger Aufwand erfordert als ein großer Garten. Wenn du erst einmal die richtigen Dinge für den Anfang hast, kannst du deinen Containergarten mit Leichtigkeit bewirtschaften. Schauen wir uns also die Dinge an, die du brauchst, um anzufangen.

BALKONKÜBEL ODER -KÄSTEN

Das erste und wichtigste, was du brauchst, um mit deinem Balkongarten zu beginnen, ist der richtige Container. Behalte immer im Hinterkopf, dass große Gefäße mehr Erde aufnehmen können und länger feucht bleiben, was es einfacher macht, Pflanzen zu züchten, als kleinere Gefäße. Kleine Hängegefäße trocknen eher aus, vor allem in den heißen Sommermonaten und müssen vielleicht zweimal täglich gegossen werden. Zu guter Letzt solltest du dir überlegen, welche Pflanzen du in dem

Container anbauen möchtest. Manche Pflanzen brauchen mehr Platz, damit sich ihre Wurzeln ausbreiten können, während andere auch auf kleinem Raum gut gedeihen. Sobald du eine bessere Vorstellung davon hast, was du anbauen möchtest, wird es für dich einfacher sein, den richtigen Container für deinen Platz auszuwählen.

▪ ENTWÄSSERUNG VON BALKONKÄSTEN

Der nächste Punkt, den du bei der Auswahl deines Pflanzencontainers beachten solltest, sind die Entwässerungslöcher. Diese sind essenziell für den Containergarten, denn ohne sie kann das Wasser nicht entweichen und die Wurzeln verrotten und sterben ab. Auch wenn du einen Container ohne Drainagelöcher wählst, solltest du selbst ein paar bohren, bevor du ihn mit Erde füllst und deine Samen einpflanzt.

▪ DIE WAHL DES RICHTIGEN CONTAINERS

Heutzutage findest du Behälter aus Ton oder Terrakotta, Beton, Kunststoff oder Fiberglas, Polyurethanschaum, Holz oder Metall. Jeder von ihnen hat seine eigenen Vor- und Nachteile. Ton- oder Terrakottabehälter sind leicht zerbrechlich und können durch Einfrieren und Auftauen beschädigt werden. Betonbehälter sind langlebig, können aber sehr schwer sein, was sie für Balkone ungeeignet macht. Kunststoffbehälter sind leicht und relativ preiswert, aber auf Dauer möglicherweise nicht haltbar, da die aus dünnerem Kunststoff hergestellten dazu neigen, mit Kälte und Alter spröde zu werden. Behälter aus Polyurethanschaum sind leicht, widerstehen Absplitterungen und Rissen und sind auch dafür bekannt, dass sie Wurzeln gegen heißes und kaltes Klima isolieren, was sie perfekt für Orte mit extremen Temperaturen macht. Holzcontainer hingegen sind von Natur aus verrottungsfest, sehen edel aus und sind in der Regel auch preiswert. Metallcontainer sind stark, aber sie leiten Wärme und setzen die Wurzeln schnellen Temperaturschwankungen aus. Behalte dies im Hinterkopf, wenn du deine Container auswählst. Die Kenntnis der klimatischen Bedingungen kann dir helfen, die richtige Marke für deine Container auszuwählen.

AUSWAHL DES RICHTIGEN BODENS

Das Gärtnern in Containern ist anders als das normale Gärtnern. Daher ist es absolut wichtig, die richtige Erde für deine Pflanzen zu wählen. Ich empfehle immer, eine Blumenerde, statt normaler Gartenerde zu verwenden, da diese oft sehr dicht ist und deinen Pflanzen schaden könnte. Normalerweise solltest du für deinen Containergarten eine hochwertige Blumenerde wählen.

PFLANZEN FÜR DEN CONTAINERGARTEN AUSWÄHLEN

Das letzte, was du für deinen Containergarten brauchst, sind Samen oder Pflanzen, die du anbauen möchtest. Du kannst blühende Pflanzen, einjährige Pflanzen oder sogar Gemüse und Pflanzen anbauen. Recherchiere, welche Pflanzen in deiner Region am besten gedeihen und wähle die richtigen für den Anfang aus. Eine weitere Sache, die du bei der Auswahl deiner Pflanzen beachten solltest, ist der Pflegeaufwand, den sie benötigen würden. Bestimmte Pflanzen können pflegeleicht sein, während andere ständige und tägliche Pflege benötigen. Nachdem du deine lokalen klimatischen Bedingungen und die Zeit, die du investieren musst, evaluiert hast, wähle deine Pflanzen entsprechend aus. Anfängern empfehle ich, eine örtliche Gärtnerei in deiner Nähe aufzusuchen und sie um Rat zu fragen, welche Pflanzen unter den regionalen klimatischen Bedingungen am besten geeignet sind. Sobald du mit deiner Recherche fertig bist, kaufst du die Samen oder bereits vermehrte Pflanzen und legst los.

EINRICHTEN

Sobald du das richtige Gefäß ausgewählt, deine Blumenerde und deine Samen besorgt hast, kannst du loslegen. Bevor du das Gefäß mit der Blumenerde füllst, wähle den richtigen Platz auf deinem Balkon, der tagsüber genug direktes Sonnenlicht bekommt. Nachdem du das Gefäß mit Blumenerde gefüllt hast, kann es schwer werden, es zu bewegen. Bevor du die Erde in den Behälter füllst, solltest du sie anfeuchten, damit sie gleichmäßig feucht ist, bevor du deine Samen einpflanzt. Achte darauf, dass du den Container nicht bis zum Rand mit Erde füllst, da du bei Bedarf etwas Platz für Wasser und Dünger lassen musst.

DIE PFLEGE DER CONTAINER UND PFLANZEN

Sobald du deinen Containergarten eingerichtet hast, musst du wissen und verstehen, wie du ihn pflegst, damit deine Pflanzen gesund und grün bleiben. Obwohl jeder Containergarten Pflege und Aufwand erfordert, der von den wachsenden Pflanzen, den Wetterbedingungen und der Größe des Containers abhängt, gibt es bestimmte Grundregeln, die du im Hinterkopf behalten solltest.

Containergärten müssen regelmäßig und angemessen bewässert werden. Der Boden muss ständig feucht sein, also musst du vielleicht täglich gießen, wenn du an einem Ort mit heißem Klima und viel direkter Sonne lebst. Wenn dein Boden einmal komplett ausgetrocknet ist, ist es schwierig, ihn wieder richtig feucht zu bekommen. Andererseits kann eine Überwässerung auch schädlich für deine Pflanzen sein. Das Hinzufügen einer Mulchschicht kann deinem Container helfen, die Feuchtigkeit länger zu speichern.

Das nächste, was du bedenken solltest, ist, dass dein Containergarten regelmäßig mit Dünger und organischem Kompost versorgt werden muss. Außerdem werden ein regelmäßiger Rückschnitt und Pflege von Zeit zu Zeit notwendig sein, um ein gesundes Wachstum der Pflanzen zu gewährleisten.

DEIN ERSTER KRÄUTERGARTEN

Kräuter auf dem Balkon in Töpfen anpflanzen

Gartenarbeit kann therapeutisch sein. Wenn der Platz oder der Mangel daran, dich davon abhält, deinen Minigarten zu kultivieren, dann habe ich gute Nachrichten für dich! Du brauchst keinen großen Balkon, um deinen Kräutergarten anzulegen. Kräutergärten können ganz einfach auf einem winzigen Balkon oder sogar einer Fensterbank kultiviert werden. Klingt spannend, oder? Ich führe dich Schritt für Schritt durch den Anbau eines Kräutergartens auf deinem Balkon und zeige dir verschiedene Ideen für einen Kräutergarten auf dem Balkon, um dich zu inspirieren.

WAS BRAUCHST DU FÜR DEINEN KRÄUTERGARTEN AUF DEM BALKON?

Die erste offensichtliche Frage ist - was brauche ich, um meinen ersten Kräutergarten anzulegen? Dies sind die drei wichtigsten Dinge, die du brauchst, um loszulegen:

- CONTAINER ODER TÖPFE

Um etwas auf deinem Balkon anzubauen, brauchst du Töpfe. Diese können aus Terrakotta, glasierter Keramik, Plastik, Holz oder sogar Beton sein. Die Größe kann variieren, je nachdem, was du in deinem Kräutergarten anbauen möchtest. Du kannst auch alte Einmachgläser und Plastikflaschen verwenden, um deinen Kräutergarten mit geringem Budget zu kultivieren. Das Einzige, worauf du bei der Auswahl deiner Gefäße achten musst, ist, dass sie tief genug sind. Die Wurzeln dieser Pflanzen brauchen Platz, um sich voll zu entwickeln.

▪ BLUMENERDE

Als nächstes benötigst du Blumenerde für deine Pflanzen. Achte darauf, dass du Blumenerde kaufst und nicht nur normale Gartenerde, besonders für Pflanzen, die in Containern wachsen. Containergartenerde ist eine erdlose Mischung, die reich an organischem Dünger und biologisch gemischtem Kompost ist. Es hat sich gezeigt, dass diese Mischung für Pflanzen, die in Containern wachsen, nahrhafter ist. Gartenerde hingegen kann sehr dicht sein, was dem Wachstum solcher Pflanzen schadet.

▪ SAATGUT ODER SETZLINGE

Das Nächste, was du brauchst, um deinen Kräutergarten anzulegen, ist die Entscheidung, welche Pflanzen du anbauen

möchtest. Wenn du ein Anfänger bist, empfehle ich dir, Setzlinge anstelle von Samen zu verwenden. Die Anzucht von Kräutern aus Samen erfordert viel mehr Zeit und Pflege. Der Kauf von Setzlingen, die bereits von Profis kultiviert wurden, reduziert das Risiko und führt zu schnelleren Ergebnissen.

Abgesehen von diesen drei essenziellen Dingen, kannst du auch zusätzlichen Dünger, eine Gießkanne und einen Spaten kaufen. Diese sind nicht unbedingt notwendig, können aber auf lange Sicht hilfreich sein und das urbane Gärtnern erleichtern.

Es gibt mehrere Orte, an denen du deine Töpfe, Erde, Setzlinge und anderes Gartenzubehör kaufen kannst. Du kannst einen lokalen Bauernmarkt oder Gartencenter in deiner Gegend aufsuchen. Das sind großartige Quellen, um sich mit den Pflanzen zu beschäftigen, die am besten für dein lokales Wetter geeignet sind. Wenn du wenig Zeit hast, kannst du auch in verschiedenen Online-Shops deine Gartenartikel kaufen. Stelle nur sicher, dass du vorher ausreichend recherchierst und das Richtige für deine Bedürfnisse auswählst.

DIE BESTEN KRÄUTERPFLANZEN FÜR ANFÄNGER

Hier sind fünf einfach zu kultivierende Kräuter, die du in deinem Kräutergarten auf dem Balkon anbauen kannst:

- BASILIKUM

Basilikum ist eines der einfachsten Kräuter, die du in deinem Kräutergarten anbauen kannst. Basilikum gedeiht bei warmem Wetter mit gut durchlässigem Boden und genügend täglicher Sonne. Basilikum kann häufig geerntet werden und wird unter günstigen Bedingungen weiterwachsen. Es ist die perfekte Kübelpflanze und macht die beste Ergänzung für jeden Kräutergarten.

- MINZE

Minze ist ein weiteres einfach zu züchtendes Kraut für Anfänger. Das Einzige, was du beachten solltest, ist, dass du sie in einem separaten Topf anbaust, weit weg von deinen anderen Pflanzen. Sie neigt nämlich dazu, den ganzen Platz einzunehmen und dadurch die anderen Pflanzen, die neben ihr wachsen, zu behindern. Du kannst jedoch einen Topf beiseitestellen, um verschiedene Minzsorten zusammen anzubauen, wie Pfefferminze, Spearmint und Mojito-Minze. Um deine Minze zu züchten, verwende einen Boden mit reichlich Feuchtigkeit und Blumenerde, die reich an Kompost ist.

■ ROSMARIN

Rosmarin ist ein einjährig wachsendes Kraut. Wenn er in Töpfen gezogen wird, ist es einfacher, diese Pflanzen nach drinnen zu bringen, sobald es draußen kälter wird. Er benötigt täglich etwas direkte Sonne, also stelle sicher, dass er mindestens ein paar Stunden pro Tag auf deinem Balkon oder deiner Fensterbank steht. Gorizia ist eine Rosmarinart, die einfach zu kultivieren ist und auch die Kälte gut übersteht. Du solltest also in Erwägung ziehen, diese Sorte anzubauen, wenn du an einem Ort mit kaltem Klima wie in England lebst. Im Container angebauter Rosmarin braucht konstante Feuchtigkeit. Übermäßige Bewässerung kann für die Pflanze schädlich sein.

■ PETERSILIE

Petersilie ist ein großartiges kulinarisches Kraut, das ziemlich einfach zu züchten ist. Es ist besser, Stecklinge oder eine bereits kultivierte Petersilienpflanze zu kaufen. Petersilie schätzt volle Sonne, kann aber auch im Schatten überleben. Die Pflanze benötigt regelmäßige Feuchtigkeit und Fütterung, weshalb ein organischer Langzeitdünger mit regelmäßiger Bewässerung hervorragend geeignet ist, um eine Petersilienpflanze zu ernähren.

■ THYMIAN

Thymian gilt als eines der besten Kräuter für deinen Containerkräutergarten. Er ist pflegeleicht und benötigt keine ständige Pflege. Thymian benötigt volle Sonne und gut durchlässigen, trockenen Boden, da er trockenheitsresistent ist. Es ist am besten, Thymian aus Stecklingen oder Pflanzen zu ziehen, anstatt aus Samen.

DIE IDEALE PFLEGE DEINER KRÄUTERPFLANZEN

Nun, da wir die Grundlagen für das Anlegen eines Kräutergartens kennen, wollen wir uns der Frage widmen, welche Art von Pflege sie benötigen. Im Folgenden findest du ein paar Dinge, die du bei der Pflege deines Kräutergartens beachten solltest:

▪ POSITIONIERUNG

Kräuter brauchen im Allgemeinen volle Sonne oder Halbschatten, um zu gedeihen. Ohne die richtige Menge an täglichem Sonnenlicht neigen sie dazu, weniger geschmackvoll zu werden. Stelle deinen Kräutergarten an einem geeigneten Ort auf, an dem er viel direktes Sonnenlicht bekommt. Wenn sich die Jahreszeit ändert, solltest du auch die Position deines Kräutergartens ändern. Viele Kräuter können durch harte Winter gerettet werden, indem man sie einfach nach drinnen bringt.

▪ GIESSEN

Auf einem Balkon können direkte Sonne und Wind die Töpfe schnell austrocknen. Daher müssen Balkongärten häufiger gegossen werden. Es gibt einige Kräuter, die gegen Trockenheit resistent sind und vorübergehende Wasserknappheit überleben können. Die beste Praxis für deinen Balkonkräutergarten ist regelmäßiges Gießen, gepaart mit der Verwendung von gut durchlässiger Erde. Auf diese Weise kann das Wasser leicht abfließen, ohne im Boden zu stagnieren.

- **DÜNGEN**

Düngen ist wichtig für die Gesundheit deines Kräutergartens. Containerpflanzen benötigen in der Regel mehr Dünger als Pflanzen, die auf dem Boden wachsen. Aber wenn du dich für einen natürlichen Langzeitdünger entscheidest, musst du ihn glücklicherweise nur ein- oder zweimal im Jahr verwenden. Organischer Kompost wie Mist wird für Kübelpflanzen empfohlen, da er Mikroorganismen und Mikronährstoffe in den Boden einbringt, die für die Pflanzen unglaublich nützlich sind.

- **ERNTEN**

Das Beschneiden und Ernten deines Kräutergartens hat einen positiven Einfluss auf die Pflanze. Es regt neues und dichtes Wachstum an, was zu einer gesunden Pflanze führt. Es wird empfohlen, dass du deine Pflanzen an sonnigen Tagen vor dem Mittag schneidest.

WORAUF WARTEST DU?

Das Anlegen deines Kräutergartens kann Spaß machen. Es ist auch eine tolle Möglichkeit, deinen Balkon zu dekorieren und ihn gemütlich zu machen. Hängende Pflanzgefäße am Balkongeländer können auch helfen, zusätzliche Privatsphäre für deinen Außenbereich zu schaffen. Ein vertikaler Kräutergarten ist eine weitere hervorragende Idee für kleine Balkone. Es gibt viele schöne DIY-Spaliere, an denen du dich versuchen kannst, um deinen Balkon-Kräutergarten einzurichten und deinen Außenbereich zu dekorieren.

DEIN ERSTER GEMÜSEGARTEN

Gemüse auf dem Balkon in Töpfen
anpflanzen

Mit einem sich verändernden Fokus auf Nachhaltigkeit und gesünderes Leben, steigt auch die Nachfrage nach essbaren Balkongärten. Die Kultur der Heimarbeit hat dazu geführt, dass die Menschen mehr Zeit für Dinge wie Gärtnern und Selbstversorgung haben. Abgesehen von einem Kräutergarten, experimentieren viele mit dem Anbau von Gemüse in Töpfen auf ihrem Balkon, was zwar etwas schwieriger erscheint als ein normaler Kräutergarten, aber zweifellos lohnender ist. Nichts übertrifft die Frische des Gemüses, das du in deinem essbaren Balkongarten erntest. Wenn dies etwas ist, das dich interessiert, habe ich hier eine komplette Anleitung zum Anbau von Gemüse in Töpfen auf deinem Balkon.

ALLES, WAS DU FÜR DEN GEMÜSEANBAU AUF DEINEM BALKON BRAUCHST

Das erste, was dir vielleicht in den Sinn kommt, ist die Frage, was du für deinen essbaren Balkongarten brauchst. Als Anfänger solltest du nur in die Grundlagen wie Töpfe, Samen und Erde investieren. Das sind die wichtigsten Dinge, die du brauchst - ich werde im Detail auf die Anforderungen für jedes dieser Dinge eingehen.

- TÖPFE

Töpfe sind essenziell, um deinen essbaren Balkongarten anzulegen. Du kannst welche kaufen oder sogar verschiedene alte Gläser und Plastikbehälter aus dem Haus wiederverwenden. Wenn du dich entscheidest, neue zu kaufen, sollte jeder Terrakotta-, glasierte Keramik-, Plastik-, Holz- oder Betontopf gut für deinen essbaren Garten funktionieren. Denke nur daran, dass der Behälter tief genug sein muss, da die Wurzeln Platz brauchen, um sich voll zu entwickeln. Außerdem solltest du ein Loch in den Boden bohren. Das ist wichtig, um sicherzustellen, dass das Wasser einen Abfluss hat, aus dem es herausfließen kann. Ansonsten neigt es dazu, zu stagnieren und ruiniert die Wurzeln.

- BLUMENERDE

Die nächste wichtige Sache, die du brauchst, ist eine gute Blumenerde. Es ist normalerweise eine erdlose Mischung, die reich an organischem Dünger und biologisch gemischtem Kompost ist. Bitte verwende keine normale Gartenerde, da sie dazu neigt, außerordentlich dicht zu sein, was dem Wachstum von Pflanzen in Containern schaden kann.

- PFLANZEN ODER SAATGUT

Das letzte und wichtigste, was du brauchst, um deinen essbaren Balkongarten anzulegen, sind die Samen und Pflanzen. Recherchiere die Gemüsesorten, die du anbauen kannst, basierend auf deinen regionalen Wetterbedingungen. Erst danach kannst du loslegen und die richtigen Samen oder Pflanzen kaufen, die du brauchst.

GEMÜSE, DAS LEICHT IN TÖPFEN ANGEBAUT WERDEN KANN

Nun, da du die Grundlagen kennst, was du brauchst, sind hier einige Gemüsesorten, die leicht in Töpfen angebaut werden können. Wenn du ein Anfänger bist, kannst du eine der unten genannten Sorten auswählen:

- KIRSCHTOMATEN

Kirschtomaten sind ein großartiges Topfgemüse, das du in deinem essbaren Balkongarten anbauen kannst. Sie sind als Pflanzen einfacher zu kultivieren als Samen, besonders für Anfänger. Diese Pflanzen benötigen große Töpfe oder Container, um gut zu wachsen. Sie brauchen einen gut durchlässigen Boden, damit Wasser durchsickern kann. Regelmäßiges Gießen ist essenziell für das Wachstum dieser Pflanzen in Containern.

- PAPRIKA

Paprika eignen sich hervorragend als Kübelpflanzen. Sie brauchen große Gefäße, damit sich ihre Wurzeln ausbreiten können. Außerdem brauchen sie einen schönen sonnigen, warmen Platz auf deinem Balkon, um zu wachsen. Wähle die richtige Bio-Topfmischung und gieße regelmäßig, um deine Paprika zu ernten.

- ZUCCHINI

Zucchini lassen sich hervorragend in Containern anbauen. Ein tiefer Behälter mit einem Abflussloch im Boden ist erforderlich, um diese Pflanzen in Containern anzubauen. Wähle eine leichte, gut durchlässige Blumenerde und mische die Samen hinein. Die Samen brauchen anfangs feuchte Erde, bis sie in ein bis zwei

Wochen keimen. Sie benötigen täglich etwa sechs bis acht Stunden Sonnenlicht, um erfolgreich zu wachsen.

- FRÜHLINGSZWIEBELN

Frühlingszwiebeln sind super einfach zu züchten und gelten als pflegeleichte Containerpflanzen. Sie benötigen nicht zu viel Platz und können sogar in Töpfen auf der Fensterbank kultiviert werden. Frühlingszwiebeln können einfach mit Samen kultiviert werden und brauchen nur genug Wasser, um den Boden feucht zu halten. Achte darauf, dass du genug Kompost hinzufügst, um die Pflanze zu nähren.

- SPINAT

Spinat ist eine weitere einfach zu züchtende Containerpflanze. Er braucht keine Sonne und kann daher drinnen und sogar auf der Fensterbank angebaut werden. Spinat ist einfach aus Samen zu ziehen und du kannst erwarten, dass sie in fünf bis vierzehn Tagen keimen. Sie benötigen einen Boden, der reich an organischen Stoffen ist. Verwende eine Erde, die krümelig und lehmig ist.

WICHTIGE ANMERKUNGEN

Bevor du dich dazu entscheidest, deinen eigenen essbaren Balkongarten anzulegen, solltest du die unten genannten Faktoren berücksichtigen.

- WETTERBEDINGUNGEN AUF DEINEM BALKON

Eine wichtige Sache, die du überprüfen solltest, sind die Wetterbedingungen auf deinem Balkon. Du solltest messen, wie viele Stunden Sonnenlicht dein Balkon täglich bekommt und ob es draußen windig ist. Dies wird dir helfen, die richtigen Pflanzen für deinen Balkongarten auszuwählen.

▪ ZEIT ZUM INVESTIEREN

Der Anbau von Gemüse in Töpfen und Containern auf deinem Balkon wird sicherlich eine langfristige Investition an Zeit erfordern. Stelle sicher, dass du genügend Zeit hast, um in die Pflege und Instandhaltung deines Balkongartens zu investieren.

DEIN ERSTER SURVIVALGARTEN

Der Balkongarten als Krisenvorsorge

Willst du in kritischen Zeiten frisches Gemüse und Kräuter anbauen? In diesem Buchkapitel erfährst du, wie du einen Survivalgarten anbauen kannst, ohne viel Platz haben zu müssen. Wenn du einen Survivalgarten anbaust, ist es wichtig zu wissen, welche Pflanzen du anbauen und welche du weglassen solltest. Es kann dir und deiner Familie erheblich helfen, allein von den heimischen Produkten zu überleben, besonders in Zeiten einer Pandemie, wie wir sie aktuell durchleben.

WAS IST EIN SURVIVALGARTEN?

Ein Survival Garten ist kein gewöhnlicher Garten, der nur zum Anpflanzen gedacht ist. Stattdessen wird er angelegt, um eine ausreichende Versorgung mit Lebensmittel während der Zeit einer Krise oder einer Naturkatastrophe zu gewährleisten.

Wenn deine Familie in einer kritischen Notsituation feststeckt, in der ihr nur die Möglichkeit habt, von der eigenen Ernte zu überleben, wird dir ein Survivalgarten immens helfen, indem er organisches und frisches Gemüse zur Verfügung stellt, bis die Krise unter Kontrolle ist. Selbst wenn du keinen Zugang zu einem klassischen Garten hast, kannst du einen Survivalgarten auf deinem Balkon, Innenhof, Veranda, Dach und Terrasse in Containern anlegen.

DARAUF SOLLTEST DU BEIM SURVIVALGARTEN ACHTEN

Bevor du Samen oder Pflanzen für den Survivalgarten kaufst, stelle sicher, dass du den Kalorienwert der Nahrung berücksichtigst. Mit Salaten und Kräutern allein kannst du in einer Krisenzeit nicht überleben. Es mag für dich überraschend klingen, aber Tomaten, Paprika und andere Früchte, die man normalerweise gerne anbaut, sind kalorienarm.

Stattdessen solltest du die nachfolgenden kalorienreicheren Lebensmittel in Betracht ziehen:

- Erdnüsse:
- Sonnenblumenkerne
- Sojabohnen
- Marinebohnen und Kichererbsen
- Kidneybohnen
- Karotten, Rüben und Erbsen

DIE ERSTEN SCHRITTE ZUM EIGENEN SURVIVALGARTEN

Der erste Schritt zum Anlegen eines Survivalgartens ist die Auswahl deiner Container, Töpfe oder Beete. Diese können klein oder groß sein, je nachdem wie viel Platz du auf deinem Balkon zur Verfügung hast. Der nächste wichtige Punkt ist die Auswahl der Pflanzen, die genügend Nährstoffe liefern, um dich in einer Situation, in der du allein auf die Gartenprodukte angewiesen bist, gesund zu halten.

Die große Frage, die sich viele Gärtner stellen, ist: Was soll man in einem Survivalgarten anpflanzen? Nun, du kannst mit diesen 3 Dingen im Hinterkopf beginnen:

> ➢ Pflanze einfach zu züchtendes, nahrhaftes Gemüse, Obst und Kräuter.
> ➢ Wähle schnell wachsende Pflanzen für eine schnelle Ernte.
> ➢ Priorisiere essbare Pflanzen, die keinen Platz wegnehmen und mehr produzieren.

- **GEMÜSE**

Wähle Gemüse für deinen Überlebensgarten, das produktiv ist. Verwende offen befruchtete Samen für eine kontinuierliche Ernte. Du kannst auch Saatgut aus deiner Vorratskammer oder deinem Kühlschrank verwenden, denn auch das spart dir Kosten.

- Erbsen
- Karotten
- Kartoffeln
- Bohnen
- Kürbisse
- Rote Beete
- Wurzelgemüse
- Radieschen
- Grünes Blattgemüse
- Zwiebeln
- Knoblauch
- Tomaten
- Paprika
- Auberginen

- **FRÜCHTE**

Abgesehen von den täglichen Mahlzeiten ist auch Obst ein wesentlicher Bestandteil deiner täglichen Ernährung, die dein Immunsystem stark machen, um gegen verschiedene Krankheiten zu kämpfen. Du kannst einige der gesunden, einfach zu züchtenden Früchte anbauen, die dich mit essenziellen Antioxidantien, Vitaminen und Mineralien versorgen werden.

- Zitrone
- Apfel
- Granatapfel
- Erdbeeren
- Feigen
- Pfirsiche
- Nektarinen
- Beeren
- Guave
- Kirsche
- Banane

KRÄUTER

Küchenkräuter werden für ihre hervorragenden aromatischen Eigenschaften geschätzt. Kräuter wie Petersilie, Zitronengras, Minze und Katzenminze sind nährstoffreich und haben viele medizinische Eigenschaften. Diese Eigenschaften machen einen wichtigen Platz für die Kräuter in deinem Survival-Garten aus, und du kannst sie auch leicht drinnen in Containern anbauen.

Wähle Kräuter aus, die du am häufigsten verwendest und die in deinem Klima schnell wachsen. Einige andere Kräuter, die du anbauen kannst, sind Koriander, Salbei, Basilikum, Schnittlauch, Thymian, Rosmarin und Fenchel. Schau dir unsere Liste der Küchenkräuter an, um mehr Namen zu erfahren.

NAHRHAFTES UNKRAUT IM SURVIVALGARTEN

Du hast richtig gelesen! Es gibt Unkräuter, die verzehrt werden können. Da sie einfach zu wachsen und nahrhaft sind, solltest du sie in deinem Survivalgarten haben. Diese unerwünschten invasiven Pflanzen sind kalorienarm, enthalten Mineralien, Vitamine, Proteine und Ballaststoffe. Pflanzen wie Portulak sind eine reichhaltige Quelle für Omega-3-Fettsäuren, Vitamin E und C. Wilder Amaranth, Brunnenkresse und Wegerich sind einige weitere wichtige Namen. Du kannst auch Heilpflanzen wie Kamille, Ingwer, heiliges Basilikum, Salbei, Mutterkraut und Pfefferminze einbeziehen. Sie sind eine unverzichtbare Ergänzung für den Survival-Garten.

DIE RICHTIGE BEWÄSSERUNG

Balkonpflanzen und -gemüse richtig gießen

Pflanzen zu gießen hilft ihnen, besser zu wachsen, daher es ist wichtig, diese wertvolle Ressource nicht zu verschwenden. Regelmäßiges Gießen ist essenziell für Sommerbeete, Gemüse, Töpfe und Blumen sowie neu gepflanzte Bäume, Sträucher und Stauden. Für deinen Balkon sind in erster Linie Gemüse, Kräuter und Beetpflanzen von deiner regelmäßigen Bewässerung abhängig. In diesem praktischen Leitfaden erkläre ich dir, wie du deine Pflanzen effizient bewässern kannst, um die Abhängigkeit vom Leitungswasser zu reduzieren und diese wertvolle Ressource zu schonen.

Für die Bewässerung deiner Balkonpflanzen und -gemüse benötigst du:

➢ Gießkanne
➢ Gießkannenbrause
➢ Wasserspeicherndes Granulat
➢ evtl. Tropfbewässerungssystem

1) Gieße deine Pflanzen immer in den kühlen Abendstunden oder sehr früh am Morgen und nicht tagsüber, wenn das meiste Wasser verdunsten würde, bevor es zu den Pflanzenwurzeln gelangt.

2) Gieße das Wasser an der Basis der Pflanzen, wo es bis zu den Wurzeln einsickern kann. Bei heißem Wetter solltest du jede Pflanze alle zwei bis drei Tage gut wässern, anstatt sie jeden Tag zu gießen.

3) Hilf dabei, Wasser zu den Wurzeln durstiger Pflanzen zu leiten, indem du einen Blumentopf daneben vergräbst. Dieser kann mit Wasser gefüllt werden, wo es nach und nach in den Boden einsickert.

4) Tropfbewässerungssysteme können installiert werden, um das Wasser direkt dorthin zu bringen, wo die Pflanzen es gebrauchen können. Langsam angewandt, sickert das Wasser allmählich zu den Wurzeln, anstatt abzulaufen oder zu verdunsten. So sparst du Zeit und reduzierst die Menge an verschwendetem Wasser. Diese Systeme können gekauft oder mit wenig Aufwand selbst hergestellt werden.

5) Speichere so viel Niederschlag wie möglich in Wassertonnen, die du auf dem Balkon, deiner Garage oder deinem Hausdach sammelst. Dieses Wasser ist wärmer und verursacht daher weniger Probleme für die Pflanzenwurzeln als Leitungswasser.

6) Bei der Bepflanzung von Beeten in Töpfen, Hängekörben und anderen Gefäßen kann dem Kompost wasserspeicherndes Granulat beigemischt werden. Die Wurzeln der Pflanzen wachsen um das gesättigte Granulat herum, um Feuchtigkeit zu ziehen, wenn sie sie brauchen.

Ein sog. Tropfbewässerungssystem kann sich für einen Balkongarten in jeder Hinsicht lohnen. Die Kosten für den Kauf oder die eigene Herstellung sind überschaubar und unterstützen Balkongärtner*innen mit fleißiger Arbeit. Ein zusätzlicher Pluspunkt, sind eingebaute Zeitschaltuhren, die zu bestimmten Tageszeiten automatisch mit dem Gießvorgang starten. Lediglich ein Wasserzugang sollte vorhanden sein (aus Küche oder Bad).

10 GEMÜSESORTEN, DIE IN TÖPFEN WACHSEN

Gemüseanbau ohne Gartenbeet für Einsteiger

Es gibt keinen idiotensicheren Anbau von Gemüse, aber der Gemüseanbau in Containern und Töpfen kommt dem schon sehr nahe, da er die Probleme, die durch Wetter, Unkraut und Schädlinge entstehen, reduziert. Ein weiterer großer Vorteil des Balkongärtnerns ist, dass du keinen großen Hof oder einen eigenen Garten brauchst. Einige der einfachsten Gemüsesorten, die du in Containern anbauen kannst, sind Nachtschattengewächse wie Tomaten, Kartoffeln, Paprika und Auberginen, sowie schnell wachsende Pflanzen wie Erbsen und Salat. Wirf einen Blick auf 10 Gemüsesorten, die du auch dann anbauen kannst, wenn du kein Gartengrundstück, aber eine Terrasse, Veranda oder einen Balkon mit guter Sonneneinstrahlung hast.

- TOMATEN

Tomaten in Containern anzubauen ist einfach und unglaublich befriedigend. Die meisten Tomaten fühlen sich in großen Töpfen am wohlsten und brauchen einen Pfahl oder einen Ast zum Wachsen. Diese Stütze hält die schweren Früchte davon ab, die Reben zu verbiegen und zu brechen. Wenn du Tomatensetzlinge kaufst, suche nach kurzen, stämmigen Pflanzen, die noch keine Blüten haben. Je größer die Tomatensorte ist, desto größer ist auch der Topf, den sie benötigt. Kleine Kirschtomaten brauchen nicht so viel Platz und Erde wie eine große Fleischtomate. Tomaten mögen keine Kälte, deshalb solltest du sie nicht zu früh ins Freie setzen. Achte darauf, dass du die Sämlinge abhärtest oder allmählich an das Leben im Freien gewöhnst, bevor du sie pflanzt. Wenn du Tomatensetzlinge pflanzt, entferne die Samenblätter und den ersten Satz echter Blätter und setze die untere Hälfte des Setzlings in die Erde. Tomaten werden viel tiefer gepflanzt als die meisten Pflanzen. Halte auch Hunde und Katzen von dieser Pflanze fern. Die Blätter sind giftig, wenn sie von Haustieren verschluckt werden.

▪ ERBSEN

Erbsen können im frühen Frühling gepflanzt werden und dann wieder, wenn es im Herbst kühl wird. Es gibt drei Arten von Erbsen: englische Erbsen, Schneeerbsen und Zuckererbsen. Sie sind perfekt für die Topfbepflanzung, weil sie den Boden mit Stickstoff anreichern. Abhängig von der angebauten Sorte, benötigen die meisten Erbsen eine Art von Unterstützung. Pflanze sie im frühen Frühling. Sobald es warm wird und sie mit der Produktion fertig sind, ziehe sie heraus und pflanze etwas anderes in den Container. Stickstoff ist ein wichtiger Nährstoff, der den Boden für die nächsten Pflanzen düngt. Erbsen sind auch eines der besten Gemüse, die du mit deinen Kindern anbauen kannst, denn sie wachsen schnell und einfach.

▪ KARTOFFELN

Frisch geerntete Kartoffeln schmecken ganz anders als die Kartoffeln, die du im Supermarkt kaufst. Sie haben einen höheren Wassergehalt und einen bitteren, erdigen Geschmack, der die Frische des Frühlings einläutet. Der Anbau von Kartoffeln in Containern erfordert eine Menge Erde und Wasser, ist aber die Ressourcen und den Aufwand wert. Töpfe bieten auch einen zusätzlichen Schutz gegen Pilzbefall oder Krautfäule (Phtophthora infestans), die sich leichter unter den Bodenpflanzen ausbreitet.

- ## SPEISEKÜRBIS

Speisekürbis ist ein einfach zu züchtendes Gemüse. Die meisten Kürbisse benötigen viel Platz und einen einigermaßen großen Behälter. Ideale Anbaubedingungen sind viel Licht, guter Boden, sowie konsequente Bewässerung und Nährstoffzugabe. Wenn du Winterkürbisse in einem Container anbauen willst, achte darauf, dass die Sorte, die du wählst, nicht zu den Riesensorten gehört, die mehr als 10 Kilogramm wiegen und die Töpfe zum Kippen bringen können. Butternut ist eine kleinere Sorte und es gibt sogar winzige Kürbisse, die du anbauen kannst.

- ## KOPFSALAT UND SALATGRÜN

Der Anbau von Kopfsalat und anderen Salaten in Containern ist schnell. Der Anbau in Containern gibt dir die Flexibilität, Unkraut und Schädlinge leichter zu kontrollieren als bei der Anpflanzung im Boden. Die meisten Kopfsalate und Salate sind Frühjahrspflanzen, obwohl es neuere Sorten gibt, die entwickelt wurden, um der Sommerhitze zu widerstehen. Du kannst deine Ernte auch verlängern, indem du deinen Container in einen kühleren, schattigen Bereich stellst, wenn die Wachstumsperiode sich aufheizt. Salat braucht nicht so viel Sonne wie die meisten Gemüsesorten.

- ## SCHARFE UND SÜSSE PAPRIKASCHOTEN

Sowohl scharfe als auch süße Paprika können spektakulär schön sein, besonders orange und lila Paprika in Containern. Sie gedeihen in Growboxen, können aber in jedem großen Topf mit viel Sonne, guter Drainage und gleichmäßiger Bewässerung angebaut werden. Trockene oder übermäßig nasse Erde ist für Paprika katastrophal. Einer der wichtigsten Vorteile der Anpflanzung von Paprika in Containern ist, dass du deine

Pflanzen nach drinnen bringen kannst, wenn in deiner Gegend mehrere Tage lang stürmisches Wetter droht. Paprika gibt es in allen Formen, Größen und Farben. Scharfe Paprika reichen im Schärfegrad von mild über scharf bis hin zu kaum essbar.

▪ SALATGURKEN

Gurken sind ein schnell wachsendes Gemüse, das häufig in Containern angebaut wird. Diese wasserliebenden Pflanzen gedeihen am besten in großen Plastik- oder Keramiktöpfen, die helfen, die Bodenfeuchtigkeit zu halten. Gurken in Töpfen anzubauen ist eine gute Möglichkeit, ihnen die Wärme zu geben, die sie lieben (heißere Umgebungstemperaturen erhöhen die Bodentemperatur in Töpfen schneller als im Boden). Es gibt zwei Haupttypen von Gurken: Buschgurken und Stielgurken. Du kannst auch wählen, ob du eine Sorte anbauen möchtest, die eher zum Einlegen verwendet wird, oder eine, die eher zum Essen geeignet ist. Beide Arten eignen sich gut für Salate, aber Salatgurken sind in der Regel keine guten Gurken. Beide können in einem Topf wachsen. Buschgurken neigen dazu, kürzer zu sein und weniger Ertrag zu bringen. Klettergurken benötigen ein Spalier oder einen Tomatenkäfig.

▪ RADIESCHEN

Radieschen wachsen schnell; die meisten gehen vom Samen bis zur Ernte in nur einem Monat. Sie brauchen auch nicht viel Platz - sie können in Behältern wachsen, die 4 bis 6 Zoll tief sind. Diese Pflanzen schießen bei heißem Wetter in die Höhe, aber du kannst dies leicht kontrollieren, indem du die Pflanze in den Schatten stellst oder Wasser hinzufügst, um sie abzukühlen. Es gibt viele Sorten, was bedeutet, dass du deine Samen nach Aussehen und Geschmack auswählen kannst. Einige Sorten sind wunderschön. Die Spitzen oder das Grün der Radieschen sind ebenfalls essbar, ebenso wie die Schoten.

- RUCOLA

Die würzigen Rucolablätter sind schmackhaft und ihre essbaren Blüten sind ein süßer Genuss. Sie sind auch wunderschön. Rucola braucht keinen riesigen Behälter - ein Topf von 20cm Tiefe und 10cm Durchmesser funktioniert. Ein weiterer Vorteil des Anbaus von Rucola in einem Container ist, dass du ihn bewegen kannst. Rucola braucht etwa 6 Stunden direktes Sonnenlicht, aber er mag keine sengende Nachmittagssonne. Es ist am besten, die Pflanze morgens in der vollen Sonne stehen zu lassen und sie dann zu versetzen oder so zu positionieren, dass sie am Nachmittag nur teilweise Sonne abbekommt.

- AUBERGINE

Aubergine ist eines dieser großartigen Gemüse, das auch als Zierpflanze funktioniert. Einige Auberginensorten können sehr dicht und schwer werden; verwende diese Sorten nicht in deinem Containergarten. Schau dir kompakte Sorten wie 'Fairytale' und 'Hansel' an, die schön und lecker sind. Große Container werden benötigt, um die Wurzeln dieser Pflanze und ihren buschartigen Wuchs zu unterstützen. Wenn du dich für Keramiktöpfe entscheidest, solltest du auch glasierte Töpfe in Betracht ziehen, die das Wasser länger halten.

KOHLRABI IN TÖPFEN

Anbau und Pflege von Kohlrabi auf dem
Balkon

Nicht viele Gärtner versuchen Kohlrabi in Töpfen anzubauen, da sie es für schwierig halten. Nachdem du diesen Leitfaden gelesen hast, wirst du wissen, wie einfach es tatsächlich ist. Kohlrabi ist eine Kaltwetterpflanze und gehört zur Familie der Kohlgewächse. Er hat einen zarten, knollenartigen Stängel, der einen milden und süßen Geschmack mit einem Hauch von Rübe besitzt. Der zwiebelartige Stängel ist der essbare Teil der Kohlrabi, der über dem Boden und dem Laub wächst. Kohlrabi in Töpfen anzubauen ist einfach, wenn du ein paar Dinge beachtest, die im Folgenden erwähnt werden.

AUSSAAT

Säe die Samen, einen halben Zentimeter tief, direkt in den Topf. Sobald die Samen gekeimt sind, dünne die Sämlinge aus, so dass nur eine gesunde Pflanze pro Topf übrigbleibt. Pflanze den ausgedünnten Setzling in den Garten. Eine andere Möglichkeit ist, Baby-Kohlrabi in einer Gärtnerei zu kaufen und sie in Töpfe zu pflanzen.

PFLANZZEIT

Frühling und Herbst sind die zwei besten Jahreszeiten, um Kohlrabi zu pflanzen. Für die Frühjahrspflanzung kannst du vier Wochen vor dem letzten erwarteten Frost mit der Aussaat beginnen, was der Pflanze eine Chance gibt, bei kaltem Wetter zu wachsen. Wenn du Kohlrabi im Herbst anbauen möchtest, solltest du ihn mindestens 6 Wochen vor dem ersten Frost pflanzen. Bei kühlem Wetter verbessert sich der Geschmack von Kohlrabi, indem er etwas süßer wird.

ANFORDERUNGEN FÜR DEN ANBAU VON KOHLRABI IN TÖPFEN

▪ STANDORT

Stelle dieses Gemüse an einen Standort, an dem es mindestens 6 Stunden Sonnenlicht pro Tag erhält. Für gesunde und schnell wachsende Pflanzen ist das Sonnenlicht entscheidend. Obwohl Kohlrabi bis zu einem gewissen Grad Halbschatten vertragen kann. Du kannst ihn auch auf deinem nach Osten ausgerichteten Balkon oder auf deiner Terrasse anbauen.

▪ BODEN

Lehmiger, gut durchlässiger Boden, der reich an organischen Stoffen ist und einen pH-Wert von 6,0 bis 7,5 hat, ist ideal. Du kannst den Boden während der Wachstumsperiode ein- oder zweimal mit gut verrottetem Mist oder Kompost anreichern.

▪ WASSER

Um zu verhindern, dass der Stamm zäh und holzig wird, solltest du den Boden gleichmäßig feucht halten. In Kübeln wird häufiges Gießen noch wichtiger, da sie schnell austrocknen. Vermeide in jedem Fall eine Überwässerung.

PFLEGE DER KOHLRABI

- ## DÜNGUNG

Dünge mit einem ausgewogenen Dünger Flüssigdünger. Die beste Zeit zum Düngen ist, wenn die Pflanzen 7-9cm hoch sind, etwa einen Monat nach der Aussaat. Füge Blutmehl, Baumwollsamenmehl oder kompostierten Mist vor dem Einpflanzen zur Anreicherung in den Boden ein.

- ## SCHÄDLINGE UND KRANKHEITEN

Schnittwürmer, Kohlschlingen, Blattläuse und importierte Kohlwürmer können Schäden verursachen. Wenn du ihn jedoch in Töpfen anbaust, musst du dir über sie keine großen Sorgen machen. Um den Schädlingsbefall in Schach zu halten, wasche die Pflanze mit einer verdünnten Seifenlösung und entferne die Eigelege, die sich unter den Blättern befinden.

Das Besprühen mit Bacillus thuringiensis ist ein sicherer Weg, um die Kohlwürmer loszuwerden. Zur Vorbeugung von Krankheiten wie Vergilbung, Keulenwurzel und Falscher Mehltau solltest du dich für krankheitsresistente Sorten entscheiden.

- ## ERNTEN UND LAGERN

Die Zwiebeln sind erntereif, wenn sie einen Durchmesser von 2 bis 3 cm erreicht haben. Warte nicht zu lange, denn junge und zarte Zwiebeln sind geschmackvoller und knackiger. Schneide den Stiel mit Hilfe eines Messers von der Basis der Pflanze ab. Du kannst Kohlrabi für 2-4 Wochen aufbewahren, indem du sie in einem perforierten Plastikbeutel im Kühlschrank aufbewahrst.

Die Blätter sind auch essbar und du kannst sie dämpfen oder sautieren, genau wie Grünkohl. Sie können auch für die Herstellung von Chips verwendet werden.

BROKKOLI IN TÖPFEN

Anbau und Pflege von Brokkoli auf dem Balkon

Fragst du dich, wie man Brokkoli in Töpfen anbaut? Dieser Leitfaden wird dir dabei helfen, dieses nahrhafte Gemüse selbst anzubauen! Brokkoli wächst am besten bei kaltem Wetter und liefert in den meisten Regionen zwei Ernten - im Frühling und im Herbst. Er kann leicht in Containern angebaut werden. Wenn du schnell reifende Sorten wählst, kannst du dieses proteinreiche Gemüse in kürzester Zeit genießen.

Brokkoli ist ein nahrhaftes grünes Gemüse, das große, dunkelgrüne Blütenköpfe und hellgrüne Stiele produziert. Er ist dem Blumenkohl sehr ähnlich, der ebenfalls zur Familie der Brassica gehört, aber zu einer anderen Kultivierungsgruppe gehört.

Dieses grüne Gemüse ist reich an Ballaststoffen, Eisen, Kalium, Vitamin C und K. Im Vergleich zu anderen Gemüsesorten enthält es auch mehr Protein. Brokkoli kann in einer Vielzahl von Gerichten verwendet werden, sowohl in gekochter als auch in roher Form.

AUSWAHL EINES CONTAINERS

Für den Anbau von Brokkoli sollte ein 18-25cm großer Topf ausreichend sein. Für einen Topf dieser Größe ist eine Pflanze am besten geeignet. Er sollte auch ausreichende Entwässerungslöcher haben. Wenn du planst, mehrere Pflanzen zusammen anzubauen, wähle einen größeren Topf mit einer ähnlichen Tiefe wie oben empfohlen.

AUSSAAT

Säe die Samen einen halben Zentimeter tief in einzelne Töpfe, die mit Saatgut-Startmischung gefüllt sind. Stelle den Topf an einen Ort, an dem er 4-5 Stunden Sonnenlicht erhält. Gieße regelmäßig, um das Wachstumsmedium gleichmäßig feucht zu halten. Die Samen werden in 7-14 Tagen keimen. Wenn sie 6-10cm groß sind und 4 echte Blätter haben, pflanze sie in die gewünschten Töpfe um.

PFLANZZEIT

Da Brokkoli ein Kaltwettergewächs ist, gedeiht er am besten bei Temperaturen unter 23°C. Für die Frühjahrsernte - Pflanze die Samen 4-6 Wochen vor dem letzten durchschnittlichen Frosttermin in deiner Region. Säe die Samen im Herbst, um die besten Ergebnisse zu erzielen, da die Temperaturen im Sommer das Wachstum des Brokkolis hemmen. Für Herbst- oder Winterernte - Wenn du dich auf die Herbst- oder Winterernte freust, pflanze die Setzlinge im Sommer in den Garten. In Regionen mit mildem Winter kannst du sie im Herbst pflanzen.

ANFORDERUNGEN FÜR DEN ANBAU VON BROKKOLI IN TÖPFEN

- **STANDORT**

Um die beste Ernte zu erzielen, wähle einen Platz, der mindestens 5-6 Stunden Sonnenlicht pro Tag erhält. Vermeide es, Brokkoli in zu starkem Sonnenlicht oder Schatten anzubauen. Wenn du einen nach Norden ausgerichteten Balkon besitzt, wird er nicht gut wachsen.

- **BODEN**

Brokkoli wächst gut in leichtem, kompostreichem und gut drainierendem Boden mit einem pH-Wert von 6,0-6,8. Die Pflanze benötigt auch ein wenig Säure. Du kannst Kalk oder Laubmulch in den Boden geben, um den pH-Wert zu erhöhen. Kombiniere gleiche Teile von Perlit, Vermiculit und Torfmoos, um eine Erdmischung für Brokkoli herzustellen.

- **WASSER**

Brokkoli bevorzugt einen gleichmäßig feuchten Boden, also halte ihn feucht. Achte darauf, dass das Wasser durch das Bodenloch sickert und sich nicht im Topf ansammelt, da Überwässerung zu Fäulnis führen kann.

DIE PFLEGE DER BROKKOLI

▪ DÜNGUNG

Dünge den Brokkoli mit altem Dünger während der Pflanzzeit und noch einmal in der Mitte der Saison, wenn die Hälfte des Wachstums abgeschlossen ist. Alternativ kannst du auch einen Langzeit-Allzweckdünger während der Pflanzzeit hinzufügen. Die Anwendung von Flüssigdünger, alle zwei Wochen, ist ebenfalls gut genug.

▪ BESCHNEIDEN

Wenn die Pflanze stark wächst, ist das Beschneiden die beste Methode, um das Wachstum zu kontrollieren. Zwicke die neu entstehenden Seitentriebe während der Wachstumsperiode der Pflanze heraus. Du kannst auch verwelkende Blätter an den Seiten wegschneiden. Verzichte jedoch auf einen übermäßigen Rückschnitt.

▪ MULCHEN

Das Mulchen von Brokkoli ist wichtig, da er kühlen Boden bevorzugt. Es reicht aus, eine 5cm-Schicht aus gehackten Blättern, Heu oder Stroh über den Boden zu streuen.

- **SCHÄDLINGE UND KRANKHEITEN**

Achte auf Schnittwürmer, Kohlschlingen und Kohlwürmer. Sie können mit der Hand ausgezupft oder mit Wasser abgespritzt werden. Achte bei Krankheiten auf die Keulenwurzel und den Falschen Mehltau. Wähle krankheitsresistente Sorten und sorge für eine gute Luftzirkulation zwischen den Pflanzen.

- **ERNTE UND LAGERUNG**

Brokkoli ist in 60-80 Tagen nach dem Einpflanzen in den gewünschten Container/Garten erntereif. Halte Ausschau nach hellgrünen Knospen und schneide sie mit 4-5 cm Stiel ab. Lass die äußeren Blätter intakt, da sie das neue Wachstum fördern. Brokkoli schmeckt am besten, wenn er frisch ist. Du kannst ihn in perforierten Plastikbeuteln im Kühlschrank für 1 Woche aufbewahren. Vor dem Lagern nicht waschen.

ZWIEBELN IN TÖPFEN

Anbau und Pflege von Zwiebeln auf dem Balkon

Wenn du einen konstanten, frischen Vorrat dieses vielseitigen Gemüses haben möchtest, dann ist der Anbau von Zwiebeln in Töpfen die beste Option. Zwiebeln (Allium cepa) gehören zu den vielseitigsten Gemüsesorten, die in fast jedem Gericht verwendet werden können. Der Anbau von Zwiebeln in Töpfen ist der beste Weg, um sie frisch in deiner Küche zu genießen, denn es gibt nichts Besseres als dein eigenes, selbst angebautes Gemüse zu essen!

AUSSAAT

Wenn du pflanzt, hast du die Wahl, entweder Samen, Stecklinge oder Sets zu verwenden. Zwiebeln als Zwiebeln oder Stecklinge sind widerstandsfähiger und können schlechten Bodenbedingungen und dem Wetter besser trotzen als Samen. Stecklinge sind normalerweise Setzlinge, die zu Beginn der Saison gepflanzt und in Bündeln von Baumschulen verkauft werden. Sie treiben schnell aus, sind aber auch anfällig für Krankheiten.

Sets sind am einfachsten zu pflanzen, reifen am schnellsten und sind resistent gegen Krankheiten. Allerdings neigen Sets dazu, vorzeitig einen Blütenstiel zu bilden. Wenn du sie pflanzt, setze sie etwa einen Zentimeter tief in die Erde mit dem spitzen Ende nach oben.

Die Samen brauchen bis zu vier Monate, um zu reifen. Um dies zu überwinden, säe die Samen 6-8 Wochen vor dem letzten Frost der Saison aus und stelle den Behälter in den Innenbereich. Bei der Aussaat sollten die Samen etwa 1cm tief und 3-4cm voneinander entfernt sein.

Zwiebelboden, das ist das Wurzelende einer Zwiebel, das verwendet werden kann, um neue Zwiebeln wachsen zu lassen. Schneide einfach den unteren Teil weg, lass ihn trocknen und hänge ihn mit Zahnstochern über eine Schüssel mit Wasser. Pflanze sie in einen Topf, wenn sie Wurzeln geschlagen hat

Achte darauf, dass du jede Saison einen neuen Satz Samen pflanzt, da sie eine kurze Lebensdauer haben. Wenn die Sämlinge etwa 5 cm groß sind, kannst du sie ins Freie bringen.

PFLANZZEIT

Du kannst Zwiebeln ganz einfach in Töpfen anbauen, aber bedenke, dass dieses Wurzelgemüse empfindlich gegenüber dem Timing und den Jahreszeiten ist.

- In Regionen mit kalten Wintern kannst du sie im späten März oder April anbauen.
- In Regionen mit milden Temperaturen kannst du sie im Spätherbst oder Winter anbauen.
- Wenn du die Samen im Herbst aussäst, werden sie erst im Sommer reif sein. Außerdem musst du sie in kalten Gegenden vor dem Winter schützen

Wenn du nicht in einem heißen tropischen oder subtropischen Klima lebst, kannst du Zwiebeln auch im Sommer in Containern anbauen.

ANFORDERUNGEN FÜR DEN ANBAU VON ZWIEBELN IN TÖPFEN

- ## STANDORT

Zwiebeln wachsen gut in voller Sonne, mit mindestens 6 Stunden Sonnenlicht. Du kannst den Container auch in die Sonne stellen, aber das wird die Ernte verringern. Vermeide es, sie im Schatten anzubauen, es sei denn, du willst nur grüne Zwiebeln.

Für die Anpflanzung im Haus brauchst du einen Blumenkasten auf einer nach Süden oder Westen ausgerichteten Fensterbank. Du kannst den Topf auch für 3-4 Stunden in der Morgensonne ins Freie stellen oder mit den speziellen Wachstumslichtern ergänzen.

- ## BODEN

Deine Containerzwiebeln fühlen sich in neutraler, leicht saurer Erde wohl und haben auch nichts gegen leicht alkalisches Kultursubstrat einzuwenden. Für den Anbau von Zwiebeln in Töpfen wird lehmhaltige Blumenerde empfohlen, die reich an organischen Stoffen ist.

Bevor du mit dem Einpflanzen beginnst, kannst du 1/3 Teil Kompost oder gut verrotteten Mist untermischen, um den Boden anzureichern. Wenn du dies tust, minimierst du den Pflegeaufwand für deine Pflanzen während der Wachstumsperiode, abgesehen von Licht und Wasser.

- ## WASSER

Wenn du Zwiebeln in Töpfen anbaust, solltest du viel Wasser verwenden, vor allem wenn du keramische Pflanzgefäße verwendest. Du solltest gießen, wenn der oberste Zentimeter des Bodens trocken wird. Füge langsam und gründlich Wasser hinzu, bis du etwas davon durch die Drainagelöcher sickern siehst. Kontrolliere deine Zwiebeln so oft wie möglich, da die Erde in den Behältern schneller austrocknet, besonders bei heißem Wetter.

Wenn du möchtest, dass deine Zwiebeln süßer werden, gieße sie mehr als du es normalerweise tust, achte nur darauf, dass der Boden nicht durchnässt wird. Vermeide ungleichmäßige Bewässerung. Reduziere die Bewässerung 3-4 Wochen vor der Zwiebelernte. Wenn du sie an einem sonnigen Standort anbaust, solltest du in Erwägung ziehen, den Topf zu mulchen.

DIE PFLEGE DER ZWIEBEL

- ABSTÄNDE

Der Abstand hängt von der Sorte der Zwiebel ab, die du anbaust. Bei kleineren Zwiebeln solltest du einen Abstand von 4-6 cm einhalten. Wenn du Zwiebeln in voller Größe anbaust, sollte der Abstand 10-15cm betragen.

- TEMPERATUR

Zwiebeln können sich gut an verschiedene Klimabedingungen anpassen, einschließlich subtropischem, gemäßigtem und tropischem Klima. Wie bereits erwähnt, gibt es Kurztagszwiebeln und Langtagszwiebeln. Die ideale Temperatur für die Entwicklung der Zwiebeln liegt zwischen 21°C und 24°C. In diesem Bereich wachsen die Zwiebeln am besten.

- DÜNGUNG

Wenn du bei der Pflanzung Kompost in deine Topfmischung gemischt hast, musst du dieses Gemüse nicht oft düngen.

Vermeide es, Dünger mit einem hohen Stickstoffgehalt zu verwenden, da dies zu mehr Spitzenwachstum führen kann.

> ➢ Ein stickstoffarmer Dünger wie 5-10-10 sollte ausreichen.
> ➢ Du kannst deine Zwiebelpflanzen auch mit jedem ausgewogenen Flüssigdünger füttern.
> ➢ Dünge einmal in 3-4 Wochen.
> ➢ Alternativ kannst du auch Komposttee und Fischemulsion verwenden.

▪ SCHÄDLINGE UND KRANKHEITEN

Beim Anbau von Zwiebeln in Töpfen solltest du vorsichtig sein, da sie von Thripsen und Zwiebelmaden befallen werden können. Um die Schädlinge zu kontrollieren, verwende milde insektizide Seife oder Neemölspray. Wende außerdem ein organisches Fungizid an, um Pilzkrankheiten vorzubeugen.

▪ UNKRAUT BEKÄMPFEN

Es ist möglich, dass einige unerwünschte Pflanzen ausbrechen und mit deinen Zwiebelpflanzen in Containern konkurrieren, besonders in großen Töpfen und Kübeln. Entferne sie, indem du sie mit der Hand pflückst, sobald du sie siehst.

▪ ERNTE UND LAGERUNG

Sobald die Zwiebelspitzen gelb werden und weich und trocken sind, ist es Zeit zu ernten. Du kannst die Spitze zu diesem Zeitpunkt auch biegen, um den Prozess zu beschleunigen. Pflücke die Zwiebeln, wenn die Oberseiten braun werden.

Lagere die Zwiebeln nach der Ernte an einem trockenen Ort. Bei Zimmertemperatur können sie bis zu 10 Monate haltbar sein.

TOMATEN AUF DEM BALKON ANPFLANZEN

Anbau und Pflege von Tomatensträuchern auf
dem Balkon

Der Anbau von Tomaten auf dem Balkon ist lohnend. Neben ihrem Geschmack und ihrer kulinarischen Verwendung, können Tomaten auch als Zierpflanze auf deinem Balkon dienen. Die Früchte gibt es in verschiedenen Farben und Größen - rot, orange, braun und gelb, birnenförmig oder rund und auch das würzige Aroma ihrer Blätter ist erstaunlich.

WELCHE TOMATENSORTEN SIND FÜR BALKONE GEEIGNET?

Die gute Nachricht ist, dass alle Tomatensorten für den Containergarten geeignet sind, aber es gibt Einschränkungen, wie z. B. dass du keine Tomatensorten, die sich ausbreiten und zu groß werden (unbestimmte Sorten), auf deinem Balkon anbauen kannst (nimm es uns nicht übel, wenn wir glauben, dass Balkone klein sind). Die beste Idee ist es, determinierte Tomatensorten zu wählen, die lokal verfügbar sind und erfolgreich angebaut werden. Zum Beispiel Kirschtomaten, diese sind extrem einfach zu züchten, pflegeleicht und produzieren viele Früchte in einer Anbausaison. Außerdem gibt es viele andere Sorten. Geh in einen Saatgutladen, schau in deiner Gärtnerei in der Nähe nach oder kaufe online!

TOMATEN AUF DEM BALKON ANBAUEN

Tomaten auf dem Balkon sollten in gut durchlässige, stabile Töpfe gepflanzt werden. Denke daran, dass eine große Menge an Früchten und Stängeln dazu führen kann, dass Plastik- oder andere leichte Töpfe im Wind umkippen. Die Topfgröße hängt zwar von der Tomatensorte ab, die du anbaust. Aber er sollte mindestens 25cm tief und breit im Durchmesser sein. Die Tomate benötigt volle Sonne, also stelle sie an die sonnigste Stelle deines Balkons.

- BODEN

Pflanze die Tomaten in fruchtbare Erde, um ein gutes Wachstum zu gewährleisten. Du kannst eine Blumenerde kaufen oder deine eigene herstellen. Besorge dir Kompost oder gut verrotteten Stallmist, Gartenerde und Kies oder Blähton zur Vorbereitung.

Während du den Boden vorbereitest, denke daran, dass er gut entwässert, durchlässig, leicht sauer (pH 6-6,8) und lehmig sein sollte, Tomaten gedeihen nicht gut in schwerem Boden. Mische außerdem Langzeitdünger für Tomaten in den Boden, damit die Pflanzen von Zeit zu Zeit Nährstoffe erhalten.

AUSSAAT

Kaufe entweder Topfpflanzen in der Gärtnerei oder ziehe deine eigenen Setzlinge. Säe Tomatensamen aus, wenn die Frostgefahr vorüber ist und der Frühling kommt. Wenn du in einem warmen, frostfreien subtropischen oder tropischen Klima lebst, kannst du Tomaten das ganze Jahr pflanzen und anbauen. Die Samen keimen schnell innerhalb von 5-10 Tagen. Pflanze sie in Container um, sobald sich zwei echte Blätter bilden. Tomatensetzlinge sollten tief bis zur Höhe des ersten Blattes gepflanzt werden, um tiefe und zusätzliche Wurzeln zu bilden und die Aufnahme von Nährstoffen durch die Pflanze zu erhöhen.

DIE PFLEGE DER TOMATENPFLANZE

- DÜNGEN

Tomaten sind Starkzehrer, selbst wenn du bereits Langzeitdünger verwendet hast, musst du sie später noch düngen.

Die beste Zeit, um Tomaten zu düngen, ist, wenn du viel Blattwachstum, aber im Vergleich dazu weniger Früchte oder Blüten siehst, oder die Zeit, wenn die Pflanze langbeinig aussieht und die Blätter gelb werden.

> Dünge weniger, aber dafür öfter, das ist das Geheimnis eines hohen Tomatenertrags.
> Dünge alle ein bis zwei Wochen, je nach den Bedürfnissen deiner Pflanze.
> Trage Flüssigdünger gemäß der Packungsanleitung auf. Morgens ist die beste Zeit.

Achte darauf, einen Dünger mit einem höheren Gehalt an Kalium und Phosphor zu wählen. Für diejenigen, die organisches Gemüse schätzen, verwende natürlichen Dünger wie gut verrotteten Mist, Kompost oder Bio-Humus.

- WASSER

Tomaten auf dem Balkon brauchen ständig feuchte Erde, da Balkone windiger bleiben als normale Gärten. Regelmäßiges Gießen der Tomatenpflanzen ist unerlässlich, auch zweimal an einem trockenen, windigen Tag im Sommer in einem heißen

Klima. Gieße Tomaten so, dass ihre Blätter nicht durchnässt werden. Nasse Blätter sind die Hauptursache für Krautfäule und andere Pilzkrankheiten.

- ZUSÄTZLICHE TIPPS

  - ➢ Entferne während des Wachstums von Zeit zu Zeit Saugnäpfe, da sie der Pflanze Nährstoffe entziehen und die Fruchtbildung und Blüte verhindern.
  - ➢ Wenn du hohe Sorten anbaust, musst du sie stützen: verwende einen Käfig oder ein Spalier, du kannst sie auch an ein Balkongeländer binden.
  - ➢ Die beste Temperatur für den Anbau von Tomaten liegt zwischen 10C° bis 35C°. Temperaturen, die darunter oder darüber liegen, sind für den Anbau von Tomaten nicht sehr geeignet.

KAROTTEN IN TÖPFEN

Anbau und Pflege von Möhren auf dem
Balkon

Karotten in Töpfen anzubauen ist einfach und du kannst eine anständige Ernte dieses süßen und knackigen Gemüses bekommen, auch wenn du keinen Garten hast.

PFLANZZEIT

Karotten sind eine Kaltwetterpflanze und können gut in Deutschland angebaut werden. Mit der Aussaat kannst du 2 bis 3 Wochen vor dem letzten Frostdatum beginnen und dies während der gesamten Vegetationsperiode bis etwa 8 Wochen vor dem geplanten durchschnittlichen ersten Frostdatum fortsetzen. Wenn du in einem heißen Klima lebst, warte, bis das Wetter abkühlt und baue Karotten nach dem Sommer im Herbst und Winter an. Säe Karottensamen alle 2 - 3 Wochen nacheinander für eine regelmäßige Ernte während der gesamten Wachstumsperiode.

AUSWAHL EINES TOPFES

Die Größe des Topfes (15 − 30cm tief) kann je nach Karottensorte, die du anbaust, und der von ihr benötigten Pflanztiefe variieren. Für den Anbau von Karotten in Containern kann ein Topf, der mindestens 12 Zoll tief und so breit wie möglich ist, für den Anbau der meisten Karottensorten verwendet werden. Du kannst Töpfe, Kübel, Pflanztaschen und Blumenkästen verwenden, um dieses Wurzelgemüse anzubauen.

AUSSAAT

Sobald du die Karottensorte ausgewählt hast, die du anbauen möchtest, sammle die gewünschten Töpfe und fülle sie mit Blumenerde auf. Säe die Samen 1-2cm tief ein. Nach der Keimung dünnst du die Karottensetzlinge aus (wenn sie 10 cm groß sind) und setzt sie in einen Abstand von ca. 10 cm. Beim Ausdünnen solltest du die Pflänzchen nicht ausreißen, sondern mit einer Schere abschneiden, um die Wurzeln der anderen Pflanzen nicht zu stören.

ANFORDERUNGEN FÜR DEN ANBAU VON KAROTTEN IN CONTAINERN

- STANDORT

Wähle einen sonnigen Standort, im Spätsommer oder in warmen Klimazonen kannst du deine Karottenpflanzen auch in der Teilsonne halten. In kühleren Regionen führt der Anbau von Karotten an einem weniger sonnigen Standort zu einem langsamen Wachstum.

- BODEN

Möhren bevorzugen gut durchlässigen, leichten und belüfteten Boden, der das Wurzelwachstum nicht behindert. Du kannst entweder eine hochwertige Blumenerde für Container kaufen oder deine eigene herstellen. Achte darauf, dass die vorbereitete Erde eher sandig als lehmig ist und keine Steine enthält, sonst werden deine Karotten krumm und schief. Die Erde sollte leicht sauer bis leicht alkalisch sein, der pH-Wert sollte zwischen 5,5 und 7,5 liegen. Idealerweise 6 - 6,8.

Bereite deine eigene Topfmischung zu, indem du 1 Teil Erde, 1 Teil Kompost oder gut verrotteten Mist und 1 Teil Perlit hinzufügst. Wenn du eine erdlose Mischung herstellen möchtest, füge 1 Teil Torfmoos oder Kokostorf, 1 Teil Kompost oder gut verrotteten Mist und 1 Teil Perlit, Vermiculit oder Sand hinzu. Du kannst auch einen stickstoffarmen Zeitdünger zum Zeitpunkt des Mischens der Erde hinzufügen.

- WASSER

Eines der wichtigsten Dinge, an die du denken musst, wenn du lernst, wie man Karotten in Töpfen anbaut, ist, dass du ständig für ausreichend Wasser sorgst. Gieße regelmäßig und gleichmäßig, um den Boden leicht feucht zu halten. Überprüfe die Bodenfeuchtigkeit mit deinem Finger, um zu sehen, ob das Medium austrocknet, bevor du gießt, und lasse die Erde niemals komplett austrocknen. Verzichte jedoch auf Übergießen und Staunässe in den Töpfen. Am Ende, wenn deine Möhrenwurzeln kurz vor der Reife stehen (nach 3/4 ihrer reifen Größe), reduziere die Häufigkeit des Gießens, da zu viel Feuchtigkeit in der Reifephase zu Wachstumsrissen bei Möhren führt.

- TEMPERATUR

Die Keimtemperatur für Karottensamen liegt zwischen 5,5C°-32C°, aber die optimale Keimtemperatur für Samen liegt zwischen 12C°-24C°. Karottensamen keimen in der Regel in einem Zeitrahmen von 1-3 Wochen, bei niedrigen Temperaturen langsamer.

Die am besten schmeckenden Karottenwurzeln wachsen, wenn die Temperatur während der Wachstumsperiode zwischen 15C°-22C° liegt. Da du Karotten in Töpfen anbaust, kannst du versuchen, die Temperatur ein wenig zu regulieren, indem du die Töpfe bei warmem Wetter in den Schatten und bei kaltem Wetter in mehr Sonne stellst.

▪ AUSDÜNNEN UND ABSTÄNDE

Behalte den Abstand von 4-8cm zwischen jeder Karottenpflanze bei und dünne die Setzlinge aus, wenn sie 5cm groß sind.

DIE PFLEGE DER KAROTTEN

▪ DÜNGUNG

Da Karotten Wurzelpflanzen sind, bevorzugen sie keinen Boden, der viel Stickstoff enthält. Um das Wurzelwachstum zu fördern, verwende einen Dünger, der wenig Stickstoff, aber viel Phosphor und Kalium enthält. Zum Beispiel eine Formel von NPK 5-10-10. Es ist eine gute Idee, der Blumenerde am Anfang einen zeitbasierten Dünger oder gealterten Stallmist hinzuzufügen. Außerdem solltest du in der Mitte der Saison die obere Erde abkratzen und mit Kompost oder altem Stallmist düngen.

Wenn du der Erde nichts hinzugefügt hast, füttere die Karotten zweiwöchentlich mit Flüssigdünger gemäß den Anweisungen des Produkts. Du kannst auch deinen eigenen organischen Flüssigdünger aus Kompost oder Mist herstellen, der auch als "Komposttee" bezeichnet wird. Hier sind ein paar Rezepte zum Ausprobieren!

- ## SCHÄDLINGE UND KRANKHEITEN

Unkraut, Schädlinge und Krankheiten behindern das Wachstum von Möhren auf dem Boden. In Containern musst du dir jedoch nicht so viele Gedanken darüber machen. Blattläuse und Flohkäfer können das Blattwachstum stören, lassen sich aber leicht kontrollieren.

- ## ERNTE

Die Erntezeit kann variieren, von 50-100 Tagen. Das hängt von der Möhrensorte, dem Klima und den Wachstumsbedingungen ab. Die meisten Sorten sind nach 60-75 Tagen erntereif, während du Babymöhren viel früher ernten kannst. Bevor du erntest, solltest du ein paar Pflanzen entwurzeln, um zu sehen, ob deine Möhren die gewünschte Größe erreicht haben oder nicht.

KOPFSALAT IN TÖPFEN

Anbau und Pflege von Salat auf dem Balkon

Salat in Containern anzubauen macht Spaß und ist einfach und du kannst im Handumdrehen frische, knackige und organische Salatblätter für deine Mahlzeiten ernten. Salat ist eines der Gemüse, die sehr einfach in Töpfen wachsen und du kannst ihn sogar in einem kleinen Container anbauen. Gesund und kontinuierlich ertragreich, hat dieses knackige Salatgrün viele Eigenschaften, die es zu einem Segen für die Gesundheit machen. Reich an Wasser, Ballaststoffen, Vitaminen und Mineralien wie Kalzium, Magnesium, Kalium und Natrium, ist der Salat perfekt für diejenigen, die Probleme mit der Verdauung und trägt auch zum reibungslosen Funktionieren des Nervensystems bei.

Du kannst in kürzester Zeit mit der Ernte beginnen - etwa 8 Wochen für die meisten Sorten, er ist super einfach zu züchten und produktiv - ähnlich wie Spinat. Und das Beste daran ist, dass du nicht viel Platz brauchst, um Salat anzubauen.

AUSWAHL EINES TOPFES

Fast alle Salatsorten wachsen gut in Töpfen. Da ihre flachen Wurzeln keinen tiefen Boden brauchen, gedeihen sie am besten in breiten und flachen Töpfen. Der Topf muss ausreichende Entwässerungslöcher im Boden haben und sollte mindestens 15cm tief sein. Du kannst jedes Material für Töpfe verwenden, wie z.B. Plastik-, Ton- oder Terrakotta-Töpfe. Wenn du jedoch Salat in einem Container in einem warmen Klima anbaust, solltest du das in Tontöpfen tun und hitzeresistente Sorten pflanzen.

SALAT IN TÖPFE PFLANZEN

Salat ist eine kühle Saisonpflanze und der Anbau von Salat in Töpfen ist in den meisten Regionen von Frühling bis Herbst möglich. Du kannst den Salat leicht aus Samen oder aus Setzlingen anbauen. Wenn du ihn aus Samen anbauen willst, lies diesen Beitrag. Alternativ kannst du die Setzlinge auch direkt in einer regionalen Gärtnerei kaufen.

Um eine kontinuierliche Ernte zu erzielen, säe alle zwei Wochen während der Wachstumsperiode. Im Sommer, wenn das Wetter anfängt, sich aufzuheizen, neigt der Salat dazu, zu schießen. Um diese Tendenz zu reduzieren, solltest du deine Salatpflanze an einem kühlen Ort halten und für Schatten sorgen.

ANFORDERUNGEN FÜR DEN ANBAU VON KOPFSALAT IN CONTAINERN

- ABSTÄNDE

Da du Salat auf kleinem Raum in deinem Containergarten anbaust, gehen wir davon aus, dass du deine Salatpflanzen regelmäßig ernten wirst. Auf diese Weise musst du dich nicht so sehr um die Abstände kümmern. Säe die Samen dicht aus und dünne die Setzlinge aus, während sie wachsen und pflücke regelmäßig junge, zarte Blätter. Halte die Pflanzen 8-16cm auseinander (abhängig von der gewünschten Blattgröße und der Sorte). Kopfsalate benötigen jedoch mehr Abstand als Blattsalate und auch die Pflanztiefe (15cm) muss erhöht werden.

- ### STANDORT

Der Kopfsalat liebt das Sonnenlicht in kühleren Zonen, obwohl er leicht in einem halbschattigen Bereich angebaut werden kann, aber wenn du Kopfsalat in einem warmen Klima anbaust, wo die Sonne intensiv ist, versuche den Topf an einem Ort zu platzieren, der nur ein paar Stunden Morgensonne erhält.

Während der heißesten Stunden des Tages (am Nachmittag) ist es empfehlenswert, einen Schatten für die Pflanze zu schaffen, um das Austrocknen des Bodens zu verhindern, da Salat konstant leicht feuchten Boden bevorzugt. Stelle den Container auch an einen kühlen Ort, wenn die Temperatur steigt, da dieses Lieblingsgrün hitzeempfindlich ist.

- ### BODEN

Um gesunden Salat anzubauen, verwende eine gute Bodenmischung mit viel organischem Material, wie Kompost und Torf. Du kannst auch gut verrotteten Stallmist oder Kompost zusätzlich hinzufügen. Die Erde, die du verwendest, muss lehmig und gut durchlässig sein und darf nicht zu viel Wasser speichern.

- ### WASSER

In flachen Töpfen musst du eventuell häufig gießen, damit die Pflanze nicht komplett austrocknet. Achte darauf, dass du die Erde nicht nur leicht feucht hältst, sondern auch vermeidest, deinen Containersalat zu übergießen, da Überwässerung die Pflanzen durch Wurzelfäule abtöten kann.

- ## DÜNGUNG

Da Salatpflanzen schnell reifen, ist eine einfache oder doppelte Düngergabe normalerweise alles, was nötig ist, um die Produktion anzukurbeln. Bevor du düngst, warte ein paar Wochen, damit sich die Sämlinge etablieren können. Um Salat zu düngen, kannst du einen körnigen, ausgewogenen Dünger wie 10-10-10 verwenden. Du kannst auch Flüssigdünger für einen schnellen Schub verwenden. Wenn du düngst, achte darauf, die Anweisungen des Herstellers zu befolgen, da sowohl Über- als auch Unterdüngung schädlich sein können.

- ## SCHÄDLINGE UND KRANKHEITEN

Wachsende Salate in Containern erfordern Vorsicht vor blattfressenden Insekten. Wenn die Pflanzen jedoch gesund sind, besteht eine geringere Wahrscheinlichkeit, dass sie von Schädlingen oder Krankheiten befallen werden. Mehltau, Blattflecken, Fäulnis und eine Vielzahl von bakteriellen Infektionen sind häufige Krankheiten, die den Salat befallen können. Bei Schädlingen und Insekten können Raupen, Blattläuse, Maden und Käfer der Pflanze Schaden zufügen.

- ## ERNTE

Sobald die Salatblätter eine Höhe von 10-16cm erreicht haben oder je nach gewünschter Größe, kannst du entweder die äußeren Blätter einzeln abzupfen oder sie ernten, indem du die Blätter 2-3 cm oberhalb der Basis oder der Krone abschneidest (unbedingt daran denken, nicht in oder unterhalb der Krone zu schneiden, sonst stirbt deine Pflanze). Auf diese Weise wächst die Pflanze wieder nach und du kannst sie erneut ernten.

Du kannst den Blattsalat auch vor der Reife ernten, es ist ganz einfach, entferne einfach die äußeren Blätter, wenn du sie im Salat brauchst und lass die mittleren Blätter wachsen.

KARTOFFELN IN TÖPFEN

Anbau und Pflege von Kartoffeln auf dem
Balkon

Wenn du wenig Platz hast, ist der Anbau von Kartoffeln in Containern eine tolle Idee. Egal ob du einen winzigen Balkon, einen Dachgarten oder einen kleinen Innenhof hast, du kannst deine eigenen Kartoffeln anbauen. Wenn du schon einmal deine eigenen Tomaten angebaut hast, dann weißt du, wie frisch und biologisch selbstgezogene Tomaten schmecken. Genauso schmecken die weichen, flauschigen und jungen Kartoffeln himmlisch. Die frisch geernteten Kartoffeln haben einen süßen und nussigen Geschmack, den du in gekauften Kartoffeln nicht finden wirst.

WIE MAN KARTOFFELN IN TÖPFEN ANBAUT

▪ WAS IST EINE SAATKARTOFFEL?

Eine Kartoffel, die umgepflanzt wird und zum Anbau von Kartoffelpflanzen verwendet wird, nennt man Saatkartoffel. Kaufe Saatkartoffeln in lokalen Gärtnereien oder auch online, sollten diese wegen dem Lockdown geschlossen haben. Du kannst auch die Speisekartoffel verwenden, die du im Supermarkt oder im Lebensmittelgeschäft kaufst, aber Pflanzkartoffeln sind für diesen Zweck am besten geeignet, da sie von hoher Qualität sind und aus krankheitsfreien Quellen stammen. Beachte auch, dass Supermarktkartoffeln manchmal mit Keimhemmungsmitteln behandelt werden, um das Entstehen von Keimen zu verhindern.

Wenn du keine Saatkartoffeln finden kannst, pflanze die Supermarktkartoffeln. Wähle zum Pflanzen die gesündesten Kartoffeln aus, die nicht gequetscht oder faulig sind und keine weichen Stellen aufweisen.

Sobald du deine Kartoffeln ausgewählt hast, bewahre sie an einem kühlen, dunklen und trockenen Ort auf, damit sie Augenknospen entwickeln (Das Kartoffelauge ist eine gekerbte Stelle in der Kartoffel, an der die Knospe erscheint und zu einer neuen Pflanze wächst). Kontrolliere deine Kartoffeln jeden Tag, sobald ein paar Knospen erscheinen, sind sie bereit zum Pflanzen.

Pflücke Kartoffeln mit mehr als einer Augenknospe. Denke daran, dass mehr Augenknospen zu mehr Sprossen führen, aber kleiner in der Größe sind. Halte also das Gleichgewicht und wähle diejenigen, die 2-3 Knospen haben. Reibe den Rest der Augenknospen ab oder schneide sie tief ein, um sie zu entfernen.

SCHNEIDEN DER SAATKARTOFFELN

Da du Kartoffeln in Containern für einen kleineren Ertrag anbaust, kannst du diesen Schritt auslassen, wenn du willst. Schneide die großen Pflanzkartoffeln (größer als Hühnereier) mit mehreren Augenknospen in die Hälfte, um mehr Pflanzen zu erhalten. Sobald du das getan hast, lass sie ein paar Tage trocknen, damit die Wunde heilt, bevor du sie pflanzt, sonst werden deine geschnittenen Kartoffeln verfaulen. Wenn du die Kartoffeln schneidest, achte darauf, dass beide Seiten mindestens zwei Triebe haben.

VORKEIMEN

Das Vorkeimen ist nicht wichtig und du kannst diesen Schritt auch überspringen, aber wenn du in einem Klima lebst, das einen kurzen Sommer hat oder wenn du eine frühe Ernte möchtest, dann ist es empfehlenswert. In diesem Schritt werden die Pflanzkartoffeln 2-3 Wochen vor dem Einpflanzen an einem kühlen und schwach beleuchteten Ort mit den Augenknospen nach oben aufbewahrt, um Sprossen zu entwickeln.

KARTOFFELN IN CONTAINERN ANPFLANZEN

- ## EINEN TOPF WÄHLEN

Wähle einen Topf mit einem Volumen von mindestens 10 Litern und einer Tiefe von 60cm. Ein 40-Liter-Eimer kann ungefähr 4 ganze oder geschnittene Pflanzkartoffeln (Knollen) enthalten. Große, schwarz gefärbte Plastikeimer werden empfohlen, wenn du Kartoffeln in Töpfen in einem gemäßigten Klima anbaust, da die schwarze Farbe mehr Wärme als jede andere Farbe bietet und der Plastiktopf die Feuchtigkeit hält.

Kartoffeln können in allen Arten von Behältern, Anzuchttaschen und sogar in Beuteln, Mülltonnen, Säcken und Reifen angebaut werden. Der Behälter muss groß sein und es müssen genügend Löcher im Boden vorhanden sein, damit überschüssiges Wasser ablaufen kann.

- ## SAATKARTOFFELN PFLANZEN

Überstürze das Pflanzen nicht, bevor das letzte Frostdatum vorbei ist. Der Boden muss ausreichend warm sein, bevor du die Kartoffeln pflanzt, mindestens über 4C°. Fülle den Behälter nur bis zu 10-16cm mit einer Qualitätserde auf. Lege die Knollen

(Pflanzkartoffeln) auf das Anzuchtsubstrat, wobei die Mehrheit der Augen nach oben zeigt. Bedecke nun die Knollen mit weiteren 10-12cm nährstoffreicher Erde.

Eine grobe Schätzung ist, dass wenn dein Topf einen Durchmesser von 30cm hat, dann pflanze nicht mehr als 3 Knollen.

ANFORDERUNGEN FÜR DEN ANBAU VON KARTOFFELN IN CONTAINERN

- STANDORT

Wähle einen sonnigen Standort, der täglich mindestens 6 Stunden Sonnenlicht erhält. Zusätzlich kannst du mit einer geeigneten Wachstumslampe weiteres Licht der Kartoffelpflanze beisteuern.

- BODEN

Nasse, lehmige Böden sollten vermieden werden. Leichte Böden, die reich an organischen Stoffen sind, sind zu bevorzugen. Wachsende Kartoffeln benötigen einen sauren Boden mit einem pH-Wert um 5 bis 6.

- WASSER

Trockenheit und Wassermangel über einen längeren Zeitraum sind schädlich für den Anbau von Kartoffeln in Containern. Wenn du Kartoffeln anbaust, ist regelmäßiges Gießen unerlässlich. Halte den Boden gleichmäßig feucht, aber nicht nass.

- TEMPERATUR

Die Kartoffel ist eine kühle Saisonpflanze, aber sie benötigt eine frostfreie Periode von etwa 75-135 Tagen oder mehr, abhängig von der Sorte, die du anbaust. Die optimale Temperatur für den Anbau von Kartoffeln liegt zwischen 7C°-26C°.

PFLEGE DER KARTOFFELPFLANZEN

Der Anbau von Kartoffeln in Töpfen erfordert einige Pflege und Tricks, um die Produktivität und den Geschmack zu verbessern.

- ## KARTOFFELN ANHÄUFELN

Wenn deine Topfpflanzen bis zu 20cm hochgewachsen sind, solltest du die Erde um ihre Basis herum anhäufeln, bis nur noch ein Zoll Abstand zu den unteren Blättern bleibt. Wiederhole diesen Vorgang alle zwei bis drei Wochen, bis dein Topf entweder nicht mehr bis zu einer Tiefe von dreiviertel mit Erde gefüllt ist oder wenn nur noch ein Zentimeter Platz zum Befüllen des Topfes bleibt. Fülle den Topf nicht zu sehr auf. Du kannst gut verrotteten Mist oder Kompost anstelle von Erde für das Anhäufeln verwenden, auf diese Weise erhalten deine Kartoffelpflanzen eine gleichmäßige Versorgung mit Nährstoffen.

Das Anhäufeln verhindert, dass die sich entwickelnden Kartoffeln der Sonne ausgesetzt werden, was sie grün und bitter werden lässt. Es ist wichtig zu wissen, dass grüne Kartoffeln eine Chemikalie namens Solanin enthalten, die als giftig gilt.

- DÜNGUNG

Für den Anbau von Kartoffeln in Containern sind natürliche Düngemittel ausreichend. Füge gut verrotteten Stallmist oder Kompost hinzu, um den Bedarf deiner Pflanze zu decken. Du kannst auch einmal im Monat organischen Flüssigdünger ausbringen.

Beachte auch, dass Kartoffeln einen hohen Kaliumbedarf haben und eine zu hohe Stickstoffdüngung kontraproduktiv sein kann und das Blattwachstum fördert.

■ SCHÄDLINGE UND KRANKHEITEN

Der beste Weg, um Krankheiten zu vermeiden, ist die Vermeidung von Staunässe im Boden und die Befeuchtung des Laubes. Pflanze Qualitätssaatkartoffeln und beziehe sie von einer zuverlässigen Quelle.

Kartoffelkäfer, Blattläuse und Flohkäfer sind einige der häufigsten Schädlinge, die deine im Container angebauten Kartoffeln befallen können, aber du kannst sie mit organischen Düngemitteln loswerden.

■ ERNTE

Es ist nicht nötig, Kartoffeln zu ernten, bevor die Blüten erscheinen und die Blätter vergilbt sind. Aber sei vorsichtig, wenn du die Pflanze komplett austrocknen lässt, wäre das ein Zeichen dafür, dass du zu lange gewartet hast.

AUBERGINE IN TÖPFEN

Anbau und Pflege von Auberginen auf dem
Balkon

Auberginen im Topf anzubauen ist nicht kompliziert und wenn du ein Fan vom Grillen und Braten im Ofen bist, solltest du dieses leckere und produktive Gemüse anbauen. Die Aubergine ist eine mehrjährige tropische Gemüsepflanze, die in Süd- und Ostasien (vor allem in China und Indien) beheimatet ist und zur Familie der Tomaten gehört. Die Pflanze liebt Hitze und volle Sonne und benötigt in ihrer Heimat einen gleichmäßig feuchten Boden, um zu gedeihen und reichlich Früchte zu tragen.

Es handelt sich um mittelgroße Sträucher. Heutzutage gibt es für Menschen mit begrenztem Platzangebot auch viel zwergwüchsigere und kompaktere Züchtungen. Ähnlich wie bei den anderen Vettern der Nachtschattengewächse, z.B. Tomaten und Paprika, ist es möglich, dieses Gemüse in einem Container oder Topf anzubauen.

WIE MAN AUBERGINEN IN TÖPFEN ANBAUT

Auberginen in Töpfen anzubauen ist auf zwei Arten möglich: Entweder du ziehst sie aus Samen oder du kaufst die Setzlinge in einer Gärtnerei oder einem Gartencenter in deiner Nähe. Wenn du neu in der Pflanzenzucht bist und sie noch nicht oft angebaut hast, kaufe ein paar Setzlinge bei einer regionalen Gärtnerei. Das macht die Sache weniger mühevoll. Wenn du dich entschieden hast, sie aus Samen zu keimen, dann ist das auch relativ einfach.

AUSSAAT

Stelle sicher, dass du bis zu zwei Samen in jede Zelle eines Anzuchtkastens pflanzt oder säe direkt zwei Samen in jedes Gefäß. Denke daran, dass die Auberginen viel Wärme für die Keimung benötigen, mehr als Tomaten und Paprika. Wenn du also denkst, dass es draußen nicht warm genug ist (eine Temperatur von über 20°C ist gut genug für die Keimung von Auberginensamen), kannst du sie drinnen platzieren, um ihr Wachstum anzukurbeln - das ist das Beste am Containergärtnern. Sobald sie gekeimt haben und bis zu vier Blätter haben, können sie in die gewünschten Töpfe umgepflanzt werden.

PFLANZZEIT

Normalerweise werden die Auberginensetzlinge im Frühjahr in den Boden gepflanzt, wenn alle Frostgefahren vorüber sind. Aber in Containern gezogene Auberginen können auch im Sommer und sogar im frühen Herbst gepflanzt werden, wenn du bereit bist, die Töpfe hin und her zu bewegen, um die Temperatur zu kontrollieren, vor allem während der Nacht, wenn die Temperatur sinkt. Wenn du Auberginen in einem heißen und warmen, frostfreien Klima anbaust, ist auch eine Pflanzung im Winter möglich. Die Pflanze der Aubergine ist empfindlicher gegenüber niedrigen Temperaturen als Tomaten oder Paprika.

EINEN TOPF AUSWÄHLEN

Du brauchst einen großen Topf, je nach Sorte, je größer die Sorte, die du anbaust, desto größer der Topf! Normalerweise ist die Aubergine relativ groß, ähnlich wie eine Paprikapflanze oder eine Tomate, daher benötigt sie einen großen Topf, der mindestens das Fassungsvermögen von 20 Litern haben sollte. Wenn du in einer kühleren Region anbaust, wähle einen Topf, der die Wärme speichert.

ANFORDERUNGEN FÜR DEN ANBAU VON AUBERGINEN IN CONTAINERN

- STANDORT

Stelle die Töpfe an einen Ort, der eine gute Luftzirkulation hat und direktes Sonnenlicht und etwas Wind abbekommt. Das liegt daran, dass Auberginen beim Wachsen viel Wärme und Sonneneinstrahlung benötigen. West- oder Südausrichtung ist geeignet.

- BODEN

Die Auberginen benötigen viele Nährstoffe zum Wachstum und einen neutralen oder leicht sauren Boden im pH-Wert. Verwende eine nährstoffreiche Erde, am besten eine lehmige, erdlose Blumenerde. Auberginen gedeihen in einem Boden, der ausreichend und ausreichend feucht ist, also denke auch an die feuchtigkeitsspeichernde Fähigkeit des Bodens. Daher solltest du auch viel Kompost oder alten Mist in den Boden geben, um seine Fähigkeit, Wasser zu speichern, zu verbessern.

- WASSER

Auberginen lieben es, in gleichmäßig feuchtem Boden zu wachsen, stelle sicher, dass du ihnen ausreichend Feuchtigkeit zur Verfügung stellst. Stelle sicher, dass die Drainage gut ist, um

Wurzelfäule zu vermeiden. Achte auch darauf, den Boden nicht mit zu viel Wasser zu sättigen, damit er nicht aufweicht.

- DÜNGUNG

Um die Pflanzen mit ausreichend Nährstoffen zu versorgen, solltest du sie gemäß den Empfehlungen auf dem Düngemittelbeutel düngen. Da Auberginen Starkzehrer sind und einen Dünger mit hohem Phosphorgehalt benötigen, kannst du den 5-10-5 Dünger oder einen anderen Dünger mit einem ähnlichen Verhältnis verwenden. Bei Bedarf kannst du die Blätter deiner Pflanzen mit flüssiger Pflanzennahrung besprühen, typischerweise bekannt als Blattdüngung.

- TEMPERATUR

Sobald die Pflanzen gekeimt und in die Töpfe umgepflanzt sind, solltest du sie mit Wärme versorgen und versuchen, sie bei einer Temperatur von über 10C°-12°C zu halten. Wenn du Auberginen in einem warmen Klima anbaust, musst du dir keine Sorgen um die Temperatur machen.

DIE PFLEGE DER AUBERGINENPFLANZE

- BESCHNEIDEN UND ENTFERNEN VON SCHÖSSLINGEN

Der Anbau von Auberginen in einem Topf unterscheidet sich nicht von dem von Tomaten. Allerdings ist es nicht notwendig, sie zu beschneiden und die Ableger zu entfernen, im Gegensatz zu Tomaten, aber um die Produktivität zu verbessern, kannst du dies tun. Wenn die Pflanzen reif sind, musst du nach Ablegern Ausschau halten, um sie zu entfernen. Vergilbte oder kranke

Blätter oder Zweige, die hoch und schlaksig wachsen und das Wachstum und die Produktivität behindern, sollten ebenfalls entfernt werden.

▪ ABSTECKEN

Da der Auberginenstrauch hochwächst und seine Früchte prall und schwer sind, musst du deine Pflanzen an einen Pfahl binden, um sie zu stützen. Das Einfachste, was du tun kannst, ist, einen Stock in den Topf zu stecken und deine Pflanze daran festzubinden. Du kannst auch einen Käfig verwenden, um die Pflanze vor dem Umfallen zu bewahren.

▪ SCHÄDLINGE UND KRANKHEITEN

Der häufigste Schädling für die Aubergine ist der schwarze Flohkäfer, der sich von den Blättern der Pflanze ernährt, diese Insekten sieht man häufig, aber wenn die Pflanze gesund ist, werden sie keinen Schaden anrichten und auch die Blattläuse. Ein weiterer häufiger Schädling ist der Cutworm. Dieser Wurm, wie der Name schon sagt, schneidet die Pflanze meist an der Basis an. Das kann man mit einem Schnittwurmkragen verhindern, oder man kann sie leicht selbst beseitigen. Diese Schädlinge können auch mit chemischen Pestiziden bekämpft werden, was ich aber nicht empfehle.

Auberginen, die in Töpfen gezogen werden, werden nicht oft von Krankheiten befallen. Wenn du jedoch möchtest, kannst du dir die Liste der Auberginenkrankheiten hier ansehen!

▪ ERNTEN

Die Aubergine erreicht ihre Reife in der Regel nach zwei bis drei Monaten nach dem Einpflanzen, genauer gesagt in 60-80 Tagen, was mehr von der Sorte, die du anbaust, und dem Klima abhängt. Ungefähr zu diesem Zeitpunkt beginnt die Pflanze Früchte zu produzieren, die bei voller Reife zu glänzenden Früchten heranwachsen.

KOMPOST AUF DEM BALKON

Kann man auf einem Balkon kompostieren?

Mehr als ein Viertel des in Deutschland entstandenen Mülls besteht aus Küchenabfällen. Die Kompostierung dieses Materials verringert nicht nur die Menge an Abfall, die jedes Jahr auf unseren Mülldeponien landet, sondern Küchenabfälle sind auch eine potenzielle Quelle von Treibhausgasen. Was aber, wenn du in einer Wohnung oder einem Hochhaus wohnst? Kannst du auf einem Balkon kompostieren? Ja!

KOMPOSTIEREN AUF DEM BALKON

Die gleichen Prinzipien des Kompostierens gelten, egal ob du einen großen Garten oder einen Betonbalkon hast. Küchenabfälle gelten als die grüne Komponente des Komposts und werden mit „Braunem" überlagert. Geeignete Grünabfälle für einen Balkonkompost sind Gemüseschalen, weggeworfenes Gemüse, Eierschalen und Kaffeesatz. Gartenbesitzer haben normalerweise Zugang zu Laub, Tannennadeln und geschreddertem Holz, die typischerweise die braunen Schichten bilden. Diese Materialien können für Kompostierungsprojekte knapp sein. Leichter verfügbare Materialien wie geschreddertes Papier und Trocknerflusen können für die braune Komponente verwendet werden. Die Kompostierung auf dem Balkon erfordert auch ein wenig mehr Aufmerksamkeit bei frostigen Temperaturen. Normalerweise wird ein Komposthaufen im Hinterhof, der mindestens 1m x1m groß ist, im Winter genügend Wärme erzeugen, um zu verhindern, dass der Inhalt einfriert. So bleibt der Komposthaufen auch in der kalten Jahreszeit aktiv.

Der durchschnittliche Kompostbehälter auf dem Balkon ist nicht groß genug, um seine eigene Wärme zu erzeugen, daher müssen Schritte unternommen werden, wenn eine ganzjährige Kompostierung gewünscht ist. Die Komposttonne kann in einer Garage oder einem Nebenraum untergebracht werden, um sie vor den Wintertemperaturen zu schützen. Wenn das keine Option ist, kannst du die Tonne in Luftpolsterfolie einwickeln. Ein Standort in der Nähe einer südlich ausgerichteten Mauer oder einer Wärmequelle, wie z.B. dem Abzug eines Trockners oder eines Ofens, kann ebenfalls hilfreich sein.

EINEN KOMPOSTBEHÄLTER FÜR DEN BALKON BAUEN

Beginne dein Kompostierungsprojekt auf dem Balkon, indem du entweder einen fertigen Behälter kaufst oder deinen eigenen Kompostbehälter aus einem alten Plastikmülleimer oder einer Tonne mit Deckel herstellst: Um deinen eigenen Behälter zu bauen, bohre oder schneide mehrere kleine Löcher in den Boden und die Seiten des Behälters. Durch die Löcher im Boden kann überschüssige Feuchtigkeit abfließen. Die seitlichen Löcher sorgen für den nötigen Sauerstoff für den Kompostierungsprozess. Als nächstes solltest du den Behälter mit mehreren Ziegelsteinen oder Holzklötzen anheben. Eine schleimige Konsistenz oder ein Geruch nach faulen Eiern zeigt an, dass der Kompost zu feucht ist und mehr Drainagelöcher benötigt werden. Um den Balkon vor Flecken zu schützen, verwende eine Auffangschale, um die Feuchtigkeit aufzufangen, die aus der Tonne tropft. Eine Schuhwanne, ein alter Untersetzer oder eine Tropfschale für den Wassererhitzer sind ein paar Dinge, die wiederverwendet werden können. Wenn dein Kompostbehälter fertig ist, fange damit an, dein Grün- und Braunmaterial zu schichten. Jedes Mal, wenn du mehr Material hinzufügst, schließe den Deckel des Behälters fest, um Regen,

Vögel und andere Tiere fernzuhalten. Regelmäßiges Umrühren oder Wenden des Komposts erhöht die Sauerstoffzufuhr und stellt sicher, dass das Material gleichmäßig kompostiert. Sobald das Material in der Tonne eine dunkle, krümelige Textur angenommen hat und keine Spur mehr von den ursprünglichen organischen Materialien zu sehen ist, hat es den Kompostierungsprozess abgeschlossen. Erfolgreich kompostiertes Material wird einen erdigen, angenehmen Geruch haben. Entferne einfach deinen Balkonkompost und lagere ihn für das nächste Mal, wenn du eine Blume umtopfen oder Hängesalat anbauen möchtest.

BIOINTENSIVES GÄRTNERN AUF DEM BALKON

Wie man biointensive Gärten auf dem Balkon
anbaut

Es gab eine Zeit, in der Stadtbewohner dich schief anschauen würden, wenn du sie fragst, wo ihr Garten ist. Heute wird jedoch schnell wiederentdeckt, dass viele Pflanzen auf kleinem Raum außergewöhnlich gut wachsen, wenn man die alten Techniken des biointensiven Anbaus anwendet. Was aber ist biointensives Gärtnern?

DAS IST BIOINTENSIVES GÄRTNERN

Das Herzstück des biointensiven Gartenansatzes ist der Wunsch, Ressourcen effizient zu nutzen, indem man mit weniger mehr erreicht. Biointensiver Anbau verbraucht 99% weniger Energie (sowohl menschlich als auch mechanisch), 66 bis 88% weniger Wasser und 50 bis 100% weniger Dünger als traditionelle kommerzielle Anbaumethoden. Darüber hinaus baut der biointensive Gartenbau eine gesunde Bodenstruktur auf und liefert zwei- bis sechsmal mehr Nahrung als traditionelle Anbaumethoden. Der biointensive Ansatz verwendet doppelt gegrabene Beete, die den Boden bis zu 50cm gelockert haben. Diese Beete helfen, den Boden zu belüften, verbessern die Wasserrückhaltung und fördern ein gesundes Wurzelwachstum. Kompost hält die Gesundheit des Bodens aufrecht, während die eng beieinander liegenden Samen die Organismen im Boden schützen, den Wasserverlust reduzieren und zu größeren

Erträgen führen. Die Beipflanzung fördert hilfreiche Insekten und die beste Nutzung von Licht, Wasser und Nährstoffen.

BIOINTENSIVES GÄRTNERN AUF DEM BALKON

Auch für Menschen, die in Wohnungen leben, ist es möglich, auf Balkonen biointensiv zu gärtnern. Pflanze schmackhaftes Gemüse in Töpfe und verwende eine leichte Erde oder eine erdfreie Mischung zusammen mit viel Kompost für die besten Ergebnisse.

Tiefe Töpfe sind am besten, da sie den Wurzeln viel Platz bieten, sich auszubreiten. Tomaten und Gurken profitieren von einem Topf, der mindestens 10 Liter groß ist, aber Kräuter und kleinere Pflanzen machen sich auch gut in 5-Liter-Töpfen. Es ist wichtig, die Erde in deinen Töpfen sehr feucht zu halten, weil sie schneller austrocknen. Größere Töpfe brauchen weniger häufig Wasser als kleinere Töpfe. Es ist wichtig, dass die Töpfe eine ausreichende Drainage haben. Manchmal hilft es, eine Schicht Kies oder Fenstergitter in den Boden des Topfes auf das Drainageloch zu legen, damit die Löcher nicht verstopft werden. Mit der richtigen Pflanzenauswahl und etwas Pflege ist es möglich, gesunde und große Erträge mit dem Balkongartenanbau zu erzielen.

TIPPS FÜR BIOINTENSIVES GÄRTNERN

Bevor du mit dem biologisch-intensiven Gärtnern beginnst, solltest du dich über die besten Pflanzen für deine Region informieren. Es ist empfehlenswert, offen bestäubtes Saatgut zu verwenden und darauf zu achten, dass du nur Qualitätssamen von einem seriösen Händler kaufst. Denke auch daran, dein Saatgut für den Garten im nächsten Jahr aufzubewahren. Wenn du Gemüse in Töpfen anbaust, solltest du wöchentlich organischen Dünger geben, um den Ertrag zu maximieren. Alle Töpfe und Gefäße, die für den Anbau im Balkongarten verwendet werden, sollten vor dem Gebrauch gründlich gereinigt werden, um die Verbreitung von Krankheiten zu vermeiden.

TAUBEN ALS BALKONFEIND

Wie man Tauben vom Balkongarten loswird

Tauben sind lustig, zumindest für eine Weile, bis sie zu regelmäßigen Touristen auf deinem Balkon werden. Tauben leben gerne unter uns Menschen und lieben es, hinter uns aufzuräumen, oft kommen sie zu Picknicks und Balkonpartys. In städtischen Gebieten ernähren sich Tauben von menschlichen Essensresten und sind nicht wählerisch, was sie essen. Die Taubenbekämpfung ist zu einem beliebten Thema in städtischen Gebieten geworden, in denen diese gefiederten Freunde uns ein wenig zu nahekommen.

WARUM STÖREN TAUBEN IM BALKONGARTEN?

Tauben zu kontrollieren ist wichtig, es sei denn, du magst es, wenn Taubenkot überall auf deinen Balkonmöbeln und Geländern hinterlassen wird. Es wurde festgestellt, dass Tauben mehrere Krankheiten übertragen können, darunter Enzephalitis und Salmonellen (häufig bei Lebensmittelvergiftungen). Tauben können auch Flöhe, Zecken und Milben transportieren, die gerne Menschen beißen und sich an deinen Hunden und Katzen vergreifen.

SO STOPPST DU TAUBEN AUF DEINEM BALKON

Je nachdem, wo du wohnst und wie stark dein Taubenproblem ist, gibt es verschiedene Möglichkeiten, Tauben auf dem Balkon zu vertreiben. Elektrische Drähte, die mit Solarenergie betrieben werden, sind auf Balkonsimsen beliebt, wo sich Tauben gerne versammeln. Diese Niederspannungsdrähte geben einen leichten Schock ab, der den Tauben klar macht, dass sie weiterziehen müssen.

Ungiftige Sprays sind in Pasten- oder Flüssigform erhältlich und fühlen sich für die Füße der Tauben unangenehm an, wenn sie darauf landen. In den meisten Fällen hält eine Anwendung die Tauben für bis zu einem Jahr fern. Giftige Köder werden aufgrund ihrer Gefährlichkeit nur selten verwendet und sollten nur von einem Profi gehandhabt werden. Außerdem ist dies nicht die humanste Art, mit dem Taubenproblem umzugehen und ist für viele Menschen anstößig. Bei sehr starkem Taubenbefall wird die Falle eingesetzt.

HAUSMITTEL GEGEN TAUBENBESUCH

Deinen Balkon sauber und frei von Essen oder Müll zu halten, hilft enorm bei der Taubenbekämpfung. Deinen Hund auf dem Balkon zu lassen, wird ebenfalls als Taubenabschreckung wirken. Wenig bis gar keinen Platz für Tauben auf deinem Balkon zu lassen ist auch eine Option. Dies kannst du erreichen, indem du kleine Pfähle an flachen Oberflächen, wie Geländern oder Markisen, befestigst. Die meisten deutschen Bahnhöfe verwenden mittlerweile diese Methode, um die Bahnstationen sauber halten zu können. Dies lässt den Tauben nur sehr wenig Platz, um sich zu sammeln. Sie werden früh genug merken, dass sie nicht willkommen sind.

BALKONPFLANZEN FÜR DESIGN, INSPIRATION & ZUM WOHLFÜHLEN

BEETPFLANZEN FÜR TÖPFE UND CONTAINER

Die saisonalen Pflanzen, die wir für Töpfe, Container, Balkonkästen und Fensterkästen verwenden, werden Beetpflanzen genannt. Beetpflanzen werden in der Regel in Gärtnereien unter Glas gezogen und verkauft, um Gartenbeete, Töpfe und Container mit saisonaler Farbe zu füllen. Es gibt einjährige Pflanzen, die jedes Jahr absterben, zweijährige, die zwei Jahre überdauern und normalerweise Samen setzen, aus denen neue Pflanzen wachsen und einige mehrjährige, die jedes Jahr wiederkommen.

Der Frühling ist die beste Jahreszeit, um einen Garten, eine Terrasse, einen Innenhof, einen Balkon oder einen französischen Balkon mit Farbe zu versehen. Die Pflanzen, die dafür verwendet werden, werden allgemein als Beetpflanzen bezeichnet, obwohl eigentlich jede Pflanze mit ein wenig Fantasie etwas Besonderes zu einem Pflanzendesign beitragen kann.

KÜMMERE DICH UM DEINE PFLANZEN

Als erstes musst du dir Gedanken über den Effekt machen, den du erzeugen möchtest und über die Bedingungen, denen die Pflanzen ausgesetzt werden sollen. Da sie oft unter Glas gezwungen werden, wenn du sie kaufst oder über einen Online-Service geliefert bekommst, brauchen sie beim ersten Einpflanzen besondere Pflege. Und weil sie in Töpfen,

Containern, Balkonkästen und Fensterkästen stehen werden, werden sie in den Sommermonaten schnell austrocknen. Ehe du dich versiehst, werden diese zarten Pflanzen in der Hitze verwelken oder von Raupen oder Schnecken dezimiert werden. Behalte sie also ständig im Auge, wenn du willst, dass sie gedeihen.

Wenn du Pflanzen aus der Gärtnerei mitbringst oder sie ankommen, solltest du sie als erstes irgendwo hinstellen, wo sie sich sanft an ihre neue Umgebung gewöhnen können. Wenn sie nicht sehr winterhart sind und noch nie draußen waren, ist es vielleicht eine gute Idee, sie für ein paar Tage an einen kühlen Ort zu stellen, während du entscheidest, was du mit ihnen machen willst. Achte darauf, dass sie feucht sind, aber nicht zu nass.

GESTALTUNG DER BEPFLANZUNG

Für den richtigen Effekt möchtest du einige rankende Pflanzen, die über die Seiten deiner Töpfe, Container und Balkonkästen hängen. Es gibt etwas Schönes an der Art und Weise, wie sich manche Pflanzen um Töpfe, Container, Balkonkästen und Fensterkästen schlängeln und dabei Stellen finden, an denen sie ihre Ranken ausbreiten und zur Blüte kommen. Auch Efeu, den es in vielen Sorten gibt, hängt über die Seite eines Topfes und nickt sanft hin und her, was ein schönes Gefühl von Bewegung in dein Pflanzendesign bringt. Pflanzen, die du dafür verwenden könntest, wären Lobelia, Campanula, Serafina oder Petunia und Bacopa.

Als Nächstes möchtest du einige Grün- oder Strukturpflanzen, um dem Pflanzendesign ein starkes Gesamtbild zu geben. Dazu könnten Gräser gehören, die verschiedene Gewohnheiten oder Formen haben. Diese sind keine Beetpflanzen, aber sie sind leicht zu kaufen und funktionieren gut in Töpfen, Containern,

Balkonkästen und Fensterkästen. Einige fließen nach außen, wie Springbrunnen und geben dem Design schöne Formen, andere schieben sich gerade nach oben und geben interessante Höhe. Du kannst zartere Blumen pflanzen, die zwischen den Gräsern emporschießen, was ein wiesenartiges Gefühl vermittelt. Andere immergrüne Pflanzen wie Euonymous, Zwerghebe oder Myrte geben deinem Design ebenfalls ein starkes Herz und unterstützen andere Pflanzen. Mauerblumen (Erysimum 'Bowles Mauve' ist die bekannteste) haben den gleichen Effekt wie Rosmarin oder Lavendel.

Es gibt viele Stauden, die du auch in Töpfen, Kübeln, Balkonkästen und Fensterkästen verwenden kannst. Holzige, halb-immergrüne Salvias, die zur Familie der Salbeigewächse gehören, geben nicht nur anhaltende Farbe, sondern ihre Blätter haben einen wunderbaren Duft. Gaura ist eine Pflanze mit schönen Wedeln und zarten Blüten in verschiedenen Rosatönen und Blautönen. Currypflanze (Helichrysium) und Baumwoll-Lavendel (Santolina) haben ebenfalls duftende Blätter.

BLÜHENDE PFLANZEN FÜR FARBE

Und zum Schluss noch ein paar Hingucker, immer wiederkehrende blühende Pflanzen, die deine Bepflanzung immer besser aussehen lassen. Dafür könntest du Beetpflanzen wie Sennetii oder Papaver (Mohn, der immer wieder blüht und sich im nächsten Jahr selbst aussät), Schleppende Verbenen, Celosia, Dianthus (Rosa oder Nelken) und Geranien in verschiedenen Sorten wählen.

Wenn du möchtest, kannst du auch Pflanzen verwenden, die häufiger in Gartenbeeten verwendet werden. Feurig orangefarbene Geums, Rudbeckia und später im Jahr Echinaceas. Grüne und violette Heucheras sehen toll aus, wenn sie über die Seiten von Töpfen, Containern, Balkonkästen und

Fensterkästen wuchern. Wenn du sicher sein kannst, dass du Schnecken und Nacktschnecken fernhältst, können Lupinen und Rittersporn fantastisch aussehen und deiner Bepflanzung viel Farbe verleihen. Ich habe sogar hochwachsende Stauden wie Perovskia und Verbena Bonariensis für einen auffälligen Effekt verwendet.

FARBEN FÜR PFLANZEN

Jeder hat seine eigenen Vorlieben für Pflanzenfarben. Ich glaube nicht, dass ein bestimmter Stil richtig oder falsch ist. Du entscheidest, welche Pflanzen du magst und welche Farben du bevorzugst. Wenn du jedoch heiße sonnige Töpfe und Gefäße gestalten willst, solltest du zu Gelb, Orange und Rot greifen. Für einen eleganteren, klassischen Look ist Lila, Weiß und Grün in jeder Umgebung stilvoll. Wenn du ein großes Statement setzen willst, passen Weiß und Rot gut zusammen. Letztendlich sind alle Pflanzen schön, es hängt von deinem Geschmack ab, was du pflanzt. Aber wenn du einen besonderen Look in Bezug auf die Farbe suchst, lohnt es sich, beim Kauf auf die Etiketten zu achten, besonders wenn die Pflanzen nicht in voller Blüte stehen.

Wenn du also das Pflanzschema für deine Töpfe, Kübel, Balkonkästen und Blumenkästen planst, denke nachhaltig. Entscheide dich für einen Effekt, der dir eine kontinuierliche Wirkung und Freude bereiten wird. Behalte deine Pflanzen ständig im Auge. Selbst ein paar Tage können einen Unterschied für ihr glückliches Überleben ausmachen. Du kannst an diesen Pflanzdesigns genauso viel Freude haben wie an einem Garten.

PFLANZEN AUSWÄHLEN UND ZUSAMMENSTELLEN

Die Wahl der idealen Balkonpflanzen

Bevor du deinen Balkon gestaltest und bepflanzt, musst du wissen, welche Pflanzen unter diesen Bedingungen gedeihen. Je nachdem, ob du hoch oben oder weiter unten in einem Gebäude wohnst, musst du wissen, was von Erfolg sein wird. Mit ein wenig Verständnis für die Umgebung wirst du in der Lage sein, einen schönen Himmelsgarten zu schaffen. Noch nie gab es eine Zeit, in der sich die Menschen mehr für Pflanzen und Gärten interessieren. Und die Menschen wollen mehr wertvolle Zeit draußen verbringen, wenn sie können. Für Menschen, die in Wohnblöcken mit Balkonen in Großstädten leben, gilt das ganz besonders. In diesem Buchkapitel werden wir uns damit beschäftigen, wie du deine ersten Pflanzen auswählen und zusammen in Töpfen, Containern oder Kisten aufstellen kannst.

MIT STRUKTURELLEN PFLANZEN BEGINNEN

Ich beginne ein Pflanzdesign immer mit einer Reihe von Strukturpflanzen in jedem Pflanzgefäß. Das sind immergrüne Pflanzen, die das ganze Jahr über gut aussehen. Sie sind vielleicht nicht immer auffällige Blüher, aber sie in deinem Bepflanzungsplan zu haben, stellt zwei Dinge sicher.

Erstens werden strukturelle, immergrüne Pflanzen das ganze Jahr wachsen und dafür sorgen, dass alles immer gut aussieht. Zweitens werden diese Pflanzen die Stützen und das Gerüst für andere, saisonale Pflanzen sein. Pflanzen, die du für saisonale

Farben verwendest, werden immer empfindlicher sein, also brauchst du diese stärkeren Pflanzen, um sie zu unterstützen.

Wenn du also den Wind berücksichtigst, solltest du nach Pflanzen mit kleinen Blättern suchen, die nicht austrocknen. Zwergkoniferen wie Wacholder bilden zusammen mit Lavendel und Rosmarin die perfekte Basis für eine saisonale Bepflanzung. Dies sind starke Pflanzen mit winzigen Blättern und du kannst oft Sorten finden, die sich eher ausbreiten als in die Höhe wachsen. Andere Pflanzen mit ähnlichen Eigenschaften sind Ginster (der im Frühling unglaubliche Blüten hat), Calocephalus, Santolina (Baumwolllavendel), Sweet Box und Helichrysum (Currypflanze).

WAHL DER GRÄSER

Gräser sind winterhart und bieten das ganze Jahr über einen tollen Effekt. Sie sehen fantastisch aus. Du kannst dich für immergrüne Carex entscheiden, von denen es viele verschiedene Sorten gibt oder für höhere, federartige Gräser wie Pennisetum oder Miscanthus (diese müssen im Frühling zurückgeschnitten werden, damit sie gut nachwachsen). Ein echter Favorit, der niedrig wächst und widerstandsfähig ist, ist Festuca, von dem es auch viele Sorten gibt, darunter die schöne 'Elijah Blue'.

Das Schöne an Gräsern ist, dass sie sich mit dem Wind bewegen. Wie bei allen Strukturpflanzen, die ich hier aufgelistet habe, suchst du nach Pflanzen, die vom Wind nicht beschädigt werden. Gräser sind also die perfekten Begleiter für andere Pflanzen in deinen Balkonkästen.

Auch holzige Kräuter sind fantastisch für den Anbau in einem Balkonkübel. Verschiedene Sorten von Thymian eignen sich das ganze Jahr über, ebenso wie Majoran, Rosmarin und Salbei.

PFLANZEN FÜR EINEN SAISONALEN TOUCH

Jetzt, wo es Sommer ist, kannst du anfangen, über blühende Arten nachzudenken, die dir etwas Farbe und Duft geben, wenn du sie zwischen deine anderen Pflanzen pflanzt. Die strukturellen immergrünen Pflanzen in deinen Balkonkübeln sind die Füller. Also kannst du jetzt ein paar Überfüller hinzufügen. Versuche es mit rankenden Arten wie Bacopa, Convovulus oder sogar verschiedenen Efeusorten, um etwas Interesse zu wecken. Diese werden über die Seite des Pflanzgefäßes hängen, die Kanten abmildern und dir das Gefühl von Bewegung geben, das du in einem Garten bekommen würdest.

Du kannst auch duftende Pflanzen wie Salvias, duftende Pelargonien (Geranien) pflanzen, die ziemlich robust sind. Dann hast du eine Vielzahl von Beetpflanzen, schöne, hängende, blühende Pflanzen. Diese werden den ganzen Sommer über blühen. Aber du musst immer wieder die abgestorbenen Köpfe abschneiden, wenn sie abgestorben sind. Du kannst Violen, Stiefmütterchen, Petunien, Campanulas und alle möglichen anderen Pflanzen ausprobieren, um saisonale Farbe in deine Balkonkästen zu bringen.

ANDERE PFLANZEN AUF DEINEM BALKON

Dann gibt es noch die Arten von Pflanzen, die du in wirklich hohen, exponierten Balkonpflanzgefäßen brauchst. Du suchst vielleicht eher nach dem Effekt, dass draußen etwas Grünes wächst, das nicht viel Pflege braucht. Das werden Pflanzen wie Sempervirens (Sukkulenten) und Alpinas sein, die an Berghängen wachsen.

Sukkulenten sind besonders robust und daran gewöhnt, unter den verschiedensten Bedingungen zu überleben. Von trockenen, exponierten, sonnigen Balkonen und Terrassen bis hin zu schattigeren Plätzen wirst du sukkulente Pflanzen finden, die glücklich überleben werden.

Alpinen sind niedrig wachsende, oft winzige Versionen von größeren Sorten, die in Gärten wachsen. Sie sind traditionell die Pflanzen, die in Steingärten verwendet wurden. Aber sie sind perfekte Pflanzen für Balkonkästen in exponierten Lagen. Denke einfach daran, wo sie gewohnt sind zu wachsen, tausende von Metern hoch in Bergregionen. Du kannst spezialisierte Pflanzenlieferanten für Alpinpflanzen finden. Ich empfehle Slacktop Nurseries.

8 IMMERGRÜNE PFLANZEN FÜR DEINEN BALKONGARTEN

Grüne Vielfalt für Harmonie und Erholung

Immergrüne Pflanzen sind großartige Ergänzungen für jeden Balkongarten. Sie sind der perfekte Weg, um sicherzustellen, dass dein Raum das ganze Jahr über einen Hauch von Grün hat. Mit immergrünen Pflanzen sparst du Zeit, Mühe und Geld, da du nicht ständig die Pflanzen je nach Jahreszeit wechseln musst. Wenn du also auf der Suche nach immergrünen Pflanzen für deinen Balkongarten bist, ist dieses Kapitel genau richtig für dich.

▪ LAVENDEL

Wer liebt nicht den Geruch von Lavendel! Und das Beste daran ist, dass dieser kleine Strauch eine perfekte immergrüne Ergänzung für deinen Balkongarten ist. Die Blätter des Lavendelstrauches duften das ganze Jahr über. Es gibt verschiedene Sorten von Lavendel, die du auf deinem Balkon kultivieren kannst, von lila über weiß bis hin zu rosa blühenden Arten. Während die Blätter das ganze Jahr über duften, blühen die Blüten nur in den Sommermonaten und bringen einen zusätzlichen Farbklecks in deinen Außenbereich.

▪ STERNJASMIN

Eine weitere erstaunliche immergrüne Pflanze, die du auf deinem Balkon anbauen kannst, ist die Trachelospermum Jasminoides (Sternjasmin). Diese kletternden Sträucher sind perfekt geeignet, um dein Balkongeländer zu verdecken und dir mehr Privatsphäre im Freien zu bieten. Sie eignen sich auch gut für Spaliere im Freien, da sie sehr gut klettern können. Im Sommer bringen sie wunderschöne sternförmige Blüten hervor und die Blätter färben sich im Winter bronze-grün und bringen Farbe in deinen Außenbereich.

▪ IMMERGRÜNE MAGNOLIE

Die Magnolia Grandiflora ist auch unter dem Namen Bullenbucht bekannt. Sie ist einer der am schönsten aussehenden Sträucher, die sich schließlich zu einem mittelgroßen Baum entwickeln. Die Immergrüne Magnolie hat schöne grüne Blätter, die eine glänzende Oberfläche mit bronzefarbener Unterseite haben. Außerdem treiben sie im Laufe des Jahres becherförmige Blüten aus, die einen Zitronenduft verströmen.

▪ SEMPERVIVUMS

Sempervivums sind winterharte Sukkulenten, die perfekt für diejenigen sind, die etwas Pflegeleichtes für ihren Balkongarten suchen. Wie die meisten Sukkulenten sind sie trockenheitstolerant und können unter extremen Bedingungen überleben. Diese Sukkulenten kommen auch in faszinierenden Rosetten daher und es gibt eine Menge verschiedener Sorten zur Auswahl. Sie gedeihen in Kübeln mit gut durchlässigem Boden und guter Drainage.

▪ MONSTERA FENSTERBLATT

Monstera deliciosa, auch Fensterblatt, ist eine einfach zu züchtende Pflanze, die an einem schattigen Platz gedeiht. Diese prächtige Pflanze ist bekannt für ihre herrlich grünen Blätter. Sie ist die perfekte Pflanze sowohl für den Innen- als auch für den Außenbereich.

- ## BERGENIA HERBSTBLÜTE

Bergenia cordifolia, auch Herbstblüte, ist die perfekte immergrüne Pflanze für deinen Balkon, da sie sowohl in schattigen Bereichen als auch in der vollen Sonne überlebt. Achte nur darauf, dass du sie in gut durchlässige Erde in einem Pflanzgefäß mit guter Drainage pflanzt. Diese Pflanzen sind extrem pflegeleicht, da sie widerstandsfähig und ziemlich trockenheitstolerant sind. Die Bergenia cordifolia blüht auch im Frühling und bringt Farbe in deinen Balkongarten.

- ## WULFENS WOLFMILCH

Die Wulfens Wolfmich (Euphorbia Characias Subsp Wulfenii) benötigt nur eine sehr einfache Pflege über das ganze Jahr hinweg und ist bekannt für eines der besten Blätter, da es das ganze Jahr über frisch aussieht. Im Sommer treiben diese Pflanzen auch einige hübsche Blüten aus, während ihre Blätter im Winter durch den Frost glänzen. Alles, was du tun musst, um sie zu pflegen, ist, den blühenden Stängel von der Basis aus zurückzuschneiden, sobald sie ihre beste Zeit hinter sich haben. Du kannst auch andere Euphorbia-Sorten wie Euphorbia Millifera oder Euphorbia x pasteurii wählen. Wähle diejenige aus, die am besten zu deinem Platz passt.

- ## ERYSIMUM 'BOWLES'S MAUVE'

Die Erysimum Bowles's Mauve ist ein kleiner, immergrüner Strauch, der sich hervorragend für kleine Balkone eignet. Sie blühen monatelang und bei milderen Wetterbedingungen sogar das ganze Jahr über! Diese Pflanzen werden fast nie von Krankheiten oder Schädlingen befallen und sind extrem einfach zu vermehren.

PFLEGEHINWEISE VON IMMERGRÜNEN PFLANZEN

Immergrüne Pflanzen, die in Containern gezüchtet werden, sind besonders empfindlich gegenüber Temperaturschwankungen. Das liegt vor allem daran, dass die Wurzeln in Containern von Luft umgeben sind. Wenn du also an einem Ort lebst, an dem die Temperaturen sehr niedrig sind, solltest du in Erwägung ziehen, Mulch über dem Container anzuhäufen oder den Container in Luftpolsterfolie einzuwickeln. Dies hält die Temperaturen im Zaum.

Extreme Wetterschwankungen können für Immergrüne sogar schädlich sein. Stelle deine Pflanzen also an einen schattigen Platz, damit sie nicht extremer Sonne oder Kälte ausgesetzt werden.

Bei starkem Frost solltest du deine immergrünen Pflanzen so lange gießen, bis der Wurzelballen vollständig gefroren ist. Stelle sicher, dass du sie weiter gießt, sobald der Frost im Frühjahr zu tauen beginnt, sonst könnten die Wurzeln austrocknen und absterben.

LUFTREINIGENDE PFLANZEN FÜR DEINEN BALKON

Saubere Luft dank dieser Balkonpflanzen

Schöne Pflanzen sind perfekte Accessoires für deinen Balkon, aber sie können noch viel mehr als das. Einzelne Pflanzen haben die Eigenschaft, die umgebende Atmosphäre von Chemikalien und Giftstoffen zu reinigen. Diese luftreinigenden Pflanzen sind großartig für deinen Balkon, da sie die Luft schnell für dich reinigen können.

Verschiedene Pflanzen helfen dabei, die Luft von verschiedenen Giftstoffen wie Benzol, Ammoniak, Trichlorethylen, Kohlenmonoxid, Styrol, Formaldehyd und Toluol zu reinigen. Diese Giftstoffe sind auf jedem Balkon in Form von Waschmitteln, Farbstoffen, Plastik, Papiertüchern, Einkaufstüten, Farben, Polituren usw. vorhanden. Die Kultivierung von Pflanzen, die all diese Giftstoffe aus der Luft aufnehmen können, kann für deinen Balkon und für dich von Vorteil sein.

Wenn du also daran interessiert bist, einige dieser luftreinigenden Pflanzen auf deinem Balkon zu kultivieren, habe ich eine Liste der 10 besten Pflanzen, die du auf deinem Balkon anbauen kannst.

10 LUFTREINIGENDE PFLANZEN FÜR DEINEN BALKON

- **SCHLANGENPFLANZE**

Schlangenpflanzen sind großartig darin, die Luft von verschiedenen Giftstoffen zu reinigen. Sie können leicht Giftstoffe wie Benzol, Xylol, Trichlorethylen und Formaldehyd herausfiltern. Schlangenpflanzen sind super einfach zu züchten und können in verschiedenen Beleuchtungsarten überleben. Diese Pflanzen sind einige der besten luftreinigenden Pflanzen, da sie unglaublich nützlich sind und verschiedenen Arten von Wetterbedingungen standhalten können.

- **GUMMIBAUM**

Gummibäume sind großartige luftreinigende Pflanzen, die du auf deinem Balkon haben kannst. Gummibäume sind bekannt dafür, dass sie Sauerstoff produzieren, mehr als jede andere Pflanze. Außerdem filtern sie Giftstoffe wie Formaldehyd aus der Luft, so dass die Luft für dich und deine Lieben reiner wird. Zusätzlich sind diese Bäume auch effektiv bei der Beseitigung von Bakterien in der Luft. Gummibäume gibt es in verschiedenen Farben, wie z.B. burgunderrot und grün, und beide sind großartig, um die Luft auf deinem Balkon zu reinigen.

- **BOSTONFARNE**

Bostonfarne sind großartige Pflanzen für deinen Balkon. Sie sind extrem einfach zu züchten und gedeihen sowohl in Hängekörben als auch auf Podesten. Diese Farne sind für ihre typischen schwertförmigen Blätter bekannt und eignen sich hervorragend, um Giftstoffe wie Xylol und Formaldehyd aus der Luft zu filtern.

Boston Farne wachsen gut in feuchten Umgebungen und indirektem Sonnenlicht. Regelmäßiges Besprühen, feuchte Erde und konstante Feuchtigkeit sind essenziell für ihr Gedeihen. Sie können im Winter zurückgeschnitten werden und regenerieren sich in den wärmeren Monaten des Jahres.

▪ FRIEDENSLILIE

Die Friedenslilie ist auch als Spathiphyllum bekannt und ist extrem einfach zu züchten. Sie brauchen nicht viel Pflege, um zu gedeihen, was sie perfekt für diejenigen macht, die nur wenig Zeit zur Verfügung haben. Sie benötigen wöchentliche Bewässerung und einen Langzeitdünger. Sie sind auch großartig im Herausfiltern von Giftstoffen wie Benzol, Formaldehyd, Xylol, Trichlorethylen und Kohlenmonoxid. Darüber hinaus hat die Pflanze wunderschöne weiße Blüten, die dazu beitragen können, den Look deines Balkons zu verbessern.

▪ ENGLISCHER EFEU

Der englische Efeu ist eine Kletterpflanze und eine tolle Ergänzung für jeden Balkon. Sie sind auch fantastisch, um zusätzliche Privatsphäre auf deinem Balkon zu schaffen, wenn sie an einem Spalier um das Geländer herum wachsen. Er kann auch in Hängekörben um deinen Balkon herum kultiviert werden. Englischer Efeu ist ein großartiger Filter für Formaldehyd und Benzol, da sie diese effektiv aus der Luft entfernen können. Sie sind auch bekannt dafür, dass sie Schimmel aus der Luft reduzieren.

▪ BAMBUSPALME

Bambuspalmen sind großartige Pflanzen für deinen Balkon. Sie werden ziemlich groß, sind haustierfreundlich und sind wunderbare Luftreiniger. Sie schätzen volles Sonnenlicht, also stelle sicher, dass sie an der sonnigsten Stelle auf deinem Balkon stehen. Bambuspalmen gedeihen in feuchten Umgebungen. Wenn du also an einem trockenen Ort lebst, solltest du die Pflanze regelmäßig gießen, damit die Erde feucht bleibt. Auch das Besprühen der Blätter ist gut für das Wachstum dieser Pflanzen. Bambuspalmen sind effektiv bei der Entfernung von Giftstoffen wie Formaldehyd, Xylol, Trichlorethylen und Benzol aus der Luft.

- ALOE VERA

Aloe Vera ist eine praktische Pflanze, die du auf deinem Balkon anbauen kannst. Sie benötigt nur ein Minimum an Pflege und hat so viele Verwendungsmöglichkeiten im täglichen Leben. Sie sind für ihre entzündungshemmenden Eigenschaften bekannt und eignen sich hervorragend für Wunden und Sonnenbrände. Sie sind auch eine tolle Zutat für DIY-Haar- und Gesichtsmasken. Abgesehen von diesen Verwendungsmöglichkeiten der Pflanze, sind sie auch großartige Luftreiniger. Aloe Vera ist bekannt dafür, dass sie das Gift Formaldehyd aus der Luft filtert.

- DRACHENBAUM

Dracaena Warneckii, auch Drachenbaum, ist eine großartige Pflanze für deinen Balkon, besonders wenn du den Raum als Büro im Freien nutzt. Die Pflanze ist bekannt dafür, die Aufmerksamkeitsspanne zu verbessern und das Gedächtnis zu stärken. Außerdem filtert sie schädliche Giftstoffe wie Formaldehyd, Xylol und Benzol aus der Luft.

- TEUFELS-EFEU

Der Teufels-Efeu ist eine blättrige Rebe, die eine perfekte Ergänzung für Balkongärten darstellt, vor allem da sie extrem pflegeleicht ist. Sie sind auch unter dem Namen Golden Pothos bekannt. Diese Pflanzen wachsen bei schwachem Neonlicht. Teufels-Efeu ist großartig, um Giftstoffe wie Formaldehyd, Xylol, Benzol, Trichlorethen und Toluol zu filtern.

- TRAUERFEIGE

Die Trauerfeige ist eine Ficuspflanze, die wie ein kleiner Baum aussieht. Sie kann bis zu 300cm hoch werden. Diese Pflanzen sind wunderbare Luftreiniger. Sie können problemlos Benzol, Trichlorethylen und Formaldehyd aus der Luft filtern.

HÄUFIGE PROBLEME BEI BALKONPFLANZEN ÜBERWINDEN

Vorbereitung und Pflege machen den
Unterschied

Wenn du einen Balkongarten planst, musst du an die Herausforderungen der Höhe und der Ausrichtung des Balkons denken. Du musst auch an das Wetter denken, dass deine Pflanzen aushalten müssen und wie du sicherstellst, dass deine Pflanzen das Wasser bekommen, das sie zum Gedeihen brauchen.

Nie gab es eine Zeit, in der sich die Menschen mehr für Pflanzen und Gärten interessiert haben. Und es ist wichtig, Zeit im Freien verbringen zu können. Für Menschen, die in Wohnblöcken mit Balkonen in der Stadt leben, gilt das ganz besonders, da sie weniger Zugang zum Landleben und Natur haben. Selbst wenn es schwer ist, nach draußen zu gehen, um Pflanzen zu kaufen, kann man sie immer noch über den Onlinehandel bestellen.

DENKST DU AN DAS WETTER?

Sobald du deine Pflanzengefäße ausgewählt und mit Kompost gefüllt hast, kannst du mit dem Pflanzen beginnen. Aber woher weißt du, was du pflanzen sollst? Nun, du musst damit beginnen, die Wetterbedingungen auf deinem Balkon zu verstehen, wie hoch er ist und in welche Richtung er ausgerichtet ist? Die Pflanzen, die auf einem nach Südwesten ausgerichteten Balkon im 2. Stock erfolgreich wachsen werden, sind ganz anders als die, die auf einem nach Norden ausgerichteten Balkon im 20. Stock.

Der wichtigste Faktor, den man beim Gärtnern auf dem Balkon berücksichtigen muss, ist der Wind. Aus zwei Hauptgründen. Erstens erzeugt der Wind einen Wirbeleffekt im Inneren deines Balkons, was bedeutet, dass er deine Pflanzen leichter beschädigen kann. Du musst also eine Bepflanzung mit solider Struktur schaffen, die nicht so leicht umherweht und beschädigt wird.

ACHTE AUF DIE AUSTROCKNUNG

Der zweite Grund, warum Wind einen so großen Einfluss auf deine Pflanzen hat, ist die Geschwindigkeit, mit der er die Blätter deiner Pflanzen austrocknen lässt. Einfach ausgedrückt: Die Wurzeln der Pflanze, die nach Wasser suchen, um sie am Leben zu erhalten, können nicht schnell genug arbeiten, um das Wasser zu ersetzen, das aus den Blättern ausgetrocknet wird. So wird die Pflanze schnell absterben. Tote Pflanzen sind das, was ich am häufigsten auf den Balkonen meiner Kunden sehe.

Sei dir bewusst, dass der Wind umso intensiver wird, je höher du kommst. Es gibt Pflanzen, die unter diesen Bedingungen zurechtkommen, aber nicht viele. Mein Rat ist immer, dem Gelände zu folgen. Suche also hoch oben nach alpinen Pflanzen, die an Berghängen wachsen, weiter unten werden eher Küstenpflanzen gedeihen. Und ganz unten, an einem sonnigen Platz, kannst du Pflanzen anbauen, die in traditionellen Containergärten gut gedeihen.

WIE EXPONIERT IST DEIN BALKON?

Während die Sonne wunderbar und gut für uns ist, kann sie auch Pflanzen schaden. Einer der Gründe, warum wir so vorsichtig mit dem Gießen von Pflanzen sein müssen, ist, dass sie unter exponierten Bedingungen sehr leicht austrocknen. Balkonpflanzen bieten nicht das gleiche Ökosystem wie Gartenpflanzen. In Gärten haben Pflanzen viel Boden, aus dem sie Nährstoffe beziehen können und ihre Wurzeln sind natürlich gegen übermäßige Hitze oder Kälte isoliert. Das ist in Containern nicht der Fall, die zwangsläufig mehr Hitze oder Kälte abbekommen. Also musst du einfach vorsichtiger sein, um sicherzustellen, dass deine Pflanzen glücklich sind. Du willst nicht, dass sie zu nass oder zu trocken sind, nur feucht die meiste Zeit, wird perfekt sein.

WIE VIEL ZEIT HAST DU?

Zeit ist ein wichtiger Aspekt bei jedem Gartenprojekt. Du wirst wahrscheinlich Geld ausgeben, um stilvolle Pflanzgefäße und hochwertige Balkonpflanzen zu kaufen. Es macht keinen Sinn, das zu tun, wenn du dich nicht um sie kümmern wirst.

Pflanzen sind Lebewesen und brauchen ständige Pflege und Aufmerksamkeit. Wir reden hier nicht von stundenlanger Arbeit an Balkonpflanzen (außer du hast einen riesigen Balkon oder eine Terrasse!). Der durchschnittliche Balkon braucht nur ein paar Minuten am Tag, um die Pflanzen zu pflegen und sicherzustellen, dass es ihnen gut geht.

Es ist eine gute Idee, sich anzugewöhnen, alle deine Pflanzgefäße zu besuchen, abgestorbene Pflanzenteile wegzuschneiden, zu überprüfen, ob der Kompost feucht ist und ob alle Pflanzen in gutem Zustand sind. Wenn du all diese

Probleme für Balkonpflanzen berücksichtigt hast, dann bist du bereit, einen Balkongarten anzulegen.

EINRICHTUNG & AUSSTATTUNG

DER ULTIMATIVE GUIDE FÜR KLEINE BALKONE

Darum lohnen sich kleine Balkone nicht nur für die Selbstversorgung

Kleine Balkone sind überall in Europa zu finden, nicht nur in Paris oder Verona. Diese Balkone sind kompakt, stilvoll und trendy. Da man manchmal nicht auf diese Balkone hinausgehen kann, sind sie auch allgemein als französische Balkone bekannt. Diese kleinen Balkone werden am besten als ein dekoratives Merkmal beschrieben, das hilft, große Glasfenster zu befestigen.

Diese kleinen, aber feinen Balkone haben ihren Ursprung in mediterranen Ländern wie Italien, Frankreich, Portugal und Spanien. Sie können in verschiedenen Designs gefunden werden, von Geländern im viktorianischen Stil bis hin zu moderneren Glaspaneelen, die eher geradlinig und minimalistisch gestaltet sind.

VORTEILE EINES KLEINEN BALKONS

Du fragst dich bestimmt, wozu ein Balkon gut ist, wenn du nicht auf ihn hinausgehen kannst, oder? Nun, kleine Balkone haben definitiv ihre Vorteile. Hier sind einige der wichtigsten Vorteile eines Balkons in deinem Haus:

- ### BRINGE MEHR LICHT IN DEIN ZUHAUSE

Balkone und Fenstertüren gehen Hand in Hand. Mit einem Balkon, der deinen Raum schützt, kannst du diese riesigen

Glastüren einbauen und natürliches Licht in deinen Raum einfallen lassen. Der Balkon ermöglicht es dir, die großen Fenstertüren zu öffnen und das Licht hereinzulassen.

- ## ZUSÄTZLICHE BELÜFTUNG

Mit den Balkonen kannst du die großen Fenstertüren öffnen, so dass dein Innenraum den ganzen Tag über eine zusätzliche natürliche Belüftung hat.

- ## ERWEITERTER SCHUTZ

Ein französischer Balkon ist der perfekte Weg, um eine zusätzliche Schutzschicht um große Fenster herum zu schaffen. Wenn du dazu neigst, alle Fenster offen zu lassen, um eine frische, natürliche Brise zu genießen, kann ein Balkon helfen, einen zusätzlichen Schutz zu bieten. Diese fungieren als Schutz um das Fenster und verhindern verschiedene Missgeschicke.

- ## KOSTENEFFEKTIV UND EINFACH ZU INSTALLIEREN

Klappbalkone sind einfach zu installieren, da sie keine Baugenehmigung benötigen. Solange der Balkon den Bauvorschriften entspricht, ist es möglich, einen anzubauen. Diese Balkone sind perfekt für Gebäude, die renoviert werden. Balkone werden in der Regel an bestehenden Wänden angebracht, was sie extrem kosteneffektiv macht, da du keine zusätzlichen Strukturen errichten musst und auch keinen Architekten engagieren musst.

- ## OPTISCHE AUFWERTUNG DES GESAMTEN HAUSES

Und zu guter Letzt sehen diese Balkone außergewöhnlich stilvoll aus und können das Aussehen deines Hauses verbessern. In Kombination mit großen Fenstertüren können sie deinem Raum einen Hauch von Raffinesse verleihen. Du kannst dir einen Stil aussuchen, der gut mit dem Dekor deines Hauses harmoniert. Diese reichen von traditionellen Geländern im viktorianischen Stil bis hin zu modernen Glaspaneel-Geländern.

HOL MEHR AUS DEINEM KLEINEN BALKON HERAUS

Wenn du einen kleinen oder gar französischen Balkon zu Hause hast, möchtest du ihn sicherlich optimal nutzen!

- SCHAFFE EINE LESEECKE

Wenn du ein bibliophiler Mensch bist, dann ist eine gemütliche Leseecke perfekt für deinen Balkon. Richte eine Couch mit Blick nach draußen ein und mach es dir mit einem Buch gemütlich, um zu lesen. Ergänze sie mit bequemen Kissen und Überwürfen.

- EINE LÄSSIGE SITZECKE

Verwandle deinen Balkon in eine kleine gemütliche Sitzecke für dich und deine Liebsten. Mit zwei bequemen Sesseln an den großen Fenstertüren, einem kleinen Tisch dazwischen und dem Blick und der frischen Brise dazu, hast du einen perfekten Ort zum Entspannen mit deinen Liebsten.

- EIN WOHNBALKON

Wenn du jemand mit einem grünen Daumen bist, kannst du den Raum wie einen Balkongarten nutzen. Füge ein paar

Pflanzgefäße am Geländer hinzu und kultiviere einen schönen Blumengarten, der die Ästhetik deines Raumes unterstreicht. Du könntest die Fläche auch nutzen, um einen Mini-Kräutergarten anzulegen. Auf diese Weise kannst du das ganze Jahr über frische Kräuter wie Rosmarin, Minze, Basilikum und andere in deiner Küche haben.

▪ ARBEITSPLATZ ODER STUDIENRAUM

Das Arbeiten oder Studieren im Freien kann eine angenehme Erfahrung sein. Und wenn du deinen Arbeitsplatz oder Schreibtisch auf deinem Balkon aufstellst, wirst du stets das Gefühl haben, im Freien zu sein.

▪ ESSBEREICH

Ein Essbereich an deinem Balkon schafft eine perfekte romantische Umgebung für dich und deinen Liebsten, mit dem Blick nach draußen, was euer gemeinsames Erlebnis noch verstärkt.

ESSENTIALS FÜR EINEN TRAUMHAFTEN BALKON

Mach' den Balkon zu deinem Lieblingsort!

Balkone sind ein hervorragender Ort, um sich zu entspannen und abzuschalten. Alles, was du tun musst, ist ihn gemütlich einzurichten und schon du wirst immer mehr Zeit im Freien verbringen. Wenn du nur ein paar wesentliche Elemente hinzufügst, wird sich dein Balkon in deine individuelle Komfortzone verwandeln. Wenn du dich jetzt fragst, was die entscheidenden Elemente für die Umgestaltung deines Balkons sind, solltest du dieses Kapitel nicht auslassen, um mehr über jedes einzelne von ihnen zu erfahren.

▪ BODENBELAG

Das erste, woran du bei der Verschönerung deines Balkons denken solltest, ist der Bodenbelag. Zuerst solltest du deinen aktuellen Bodenbelag analysieren. Wenn du kein großer Fan davon bist, solltest du darüber nachdenken, ihn auszutauschen. Holzböden sind beliebt für Außenbereiche, aber du kannst auch andere Oberflächen wie Marmor oder Mosaik wählen. Recherchiere und entscheide dich für das, was am besten zu deinen Bedürfnissen (und Budget) passt.

Wenn du mit deinem jetzigen Bodenbelag zufrieden bist, kannst du auch darüber nachdenken, ihn zu überdecken. Das Hinzufügen eines Kunstrasens oder eines bunten Teppichs kann Wunder für deinen Außenbereich bewirken. Viele Leute entscheiden sich auch für eine Tapete als Bodenbelag, da dies

budgetfreundlich ist. Schau dir alle Optionen an, bevor du dich
für die beste Lösung für deinen Raum entscheidest.

▪ BELEUCHTUNG

Die Außenbeleuchtung ist ein weiterer wichtiger Punkt, an den
du denken musst, wenn du deinen Balkon umgestalten willst. Es
ist immer ratsam, eine Balkonbeleuchtung für deinen Balkon zu
haben. Es gibt verschiedene Arten von Beleuchtung, von LEDs
bis hin zu solarbetriebenen Lampen. Erkundige dich, welche
Optionen für deine Bedürfnisse am besten sind.

Zusätzlich können Lichter auch zur Dekoration deines
Außenbereichs verwendet werden. Lege hübsche Lichterketten,
Kerzen oder Bodenlaternen an dein Geländer, die sowohl
funktional sind als auch dem Balkon einen gemütlichen Touch
verleihen. Wenn du auf der Suche nach einem moderneren und
schickeren Look für deinen Balkon bist, solltest du eine
Hängeleuchte in Betracht ziehen. Hängelampen peppen deinen
Balkon mühelos auf und erhellen den Bereich für deine späten
Sommerabende im Freien.

▪ SICHTSCHUTZ

Ein weiterer wichtiger Aspekt bei der Umgestaltung deines
Balkons ist ein gewisser Schutz der Privatsphäre. Wenn du
vorhast, deine Zeit im Freien zu verbringen, möchtest du
vielleicht zusätzliche Privatsphäre für dich auf deinem Balkon
schaffen. Dies kann auf verschiedene Arten geschehen, die auch
deinen Außenbereich verschönern.

Der einfachste Weg, um zusätzliche Privatsphäre zu schaffen, ist
die Verkleidung deines Geländers mit Sichtschutzplatten aus
Bambus oder Ranken. Sie helfen dabei, das Aussehen deines
Balkons zu verbessern und etwas Privatsphäre im Freien zu
schaffen. Wenn nicht, kannst du auch ein paar Pflanzen um dein

Geländer herum anbringen, die ebenfalls die Sicht versperren können. Vorhänge, Jalousien und Sonnenschirme sind weitere Möglichkeiten, um zusätzliche Privatsphäre im Freien zu schaffen. Recherchiere deine Optionen und wähle die passenden für deinen Raum.

■ MÖBEL

Ein wesentliches Element für deinen Außenbereich sind die Möbel. Sobald du dich für den Bodenbelag, die Beleuchtung und den Sichtschutz entschieden hast, solltest du die richtigen Möbel auswählen. Outdoor-Möbel sollten wetterfest sein, damit sie verschiedenen Wetterbedingungen standhalten können. Metallmöbel sind eine perfekte und langlebige Option für jeden Außenbereich.

Du möchtest auch, dass deine Möbel gemütlich und komfortabel sind. Vergiss nicht, bunte Kissen, einen gemütlichen Teppich und eine schöne, warme Decke für die kühlen Abende hinzuzufügen.

Die andere Sache, die du bei der Auswahl deiner Outdoor-Möbel berücksichtigen musst, ist der Stauraum. Wenn du deinen Balkon nur in den Sommer- und Frühlingsmonaten nutzt, wenn die Temperaturen wärmer sind, möchtest du vielleicht Möbel auswählen, die sich in den Wintermonaten leicht wegstellen lassen. Das hilft, deine Möbel länger zu erhalten. Klappbare Stühle und Tische sind im Winter leichter zu verstauen.

10 UNVERZICHTBARE ACCESSOIRES FÜR DEINEN BALKON

Damit wird jeder Balkongarten zum Hingucker

Hübsche Balkone sind nicht nur der letzte Schrei, sondern ein beliebter Zufluchtsort während der aktuellen Pandemiephase. Es reicht nicht mehr aus, nur die richtigen Möbel für deinen Balkon zu haben. Wie jeder andere Raum in deinem Haus, muss auch dein Balkon aufgehübscht werden. Mit ein paar Accessoires kannst du deinem Außenbereich sofort viel mehr Charakter verleihen. Diese kleinen Dinge können deinen Balkon buchstäblich in einen dieser gemütlichen Balkone verwandeln, den sich andere Leute gerne auf Instagram anschauen möchten.

- EIN „HINGUCKER"-TEPPICH

Eine lustige und einfache Möglichkeit, deinem Außenbereich sofort ein Muster zu verleihen, ist ein Teppich. Balkonteppiche müssen etwas wasser- und staubabweisend sein. Achte darauf, dass du einen Teppich wählst, der leicht zu reinigen ist und schwer genug ist, um windigen Tagen standzuhalten. Falls nicht, solltest du doppelseitiges Klebeband verwenden, um den Teppich an seinem Platz zu halten. Teppiche gibt es in verschiedenen Mustern, Größen und Preisklassen.

- ORNAMENTALE LATERNEN

Eine dekorative Laterne ist ein weiteres einfaches Accessoire, mit dem du deinem Außenbereich Charakter verleihen kannst.

Du kannst hängende Laternen und Bodenlaternen in jedem Deko- und Einrichtungsladen finden.

- LICHTERKETTEN

Wenn du deinem Außenbereich einen gemütlichen Look verleihen möchtest, kannst du deinen Balkon mit Lichterketten ausstatten. Sie sind perfekt für diejenigen, die ihren Balkon mit einem kleinen Budget dekorieren wollen. Wickle sie um das Geländer oder hänge sie in Schlaufen von der Decke, um den Look deines Raumes zu verbessern.

- KÜNSTLICHER RASEN

Künstlicher Rasen ist eine wunderbare Ergänzung für Balkone. Es hilft, einen rustikalen Garten-Look auf deinem Balkon zu schaffen. Sie sind pflegeleicht und langlebig. Sie können normalerweise als Platten oder als Teppich gekauft werden. Vergewissere dich, dass du deinen Platz ausmisst, bevor du deine Bestellung aufgibst.

- SPALIERWAND

Das Hinzufügen einer Spalierwand ist eine hervorragende Möglichkeit, deinen Balkon zu dekorieren. Spalierwände sind ein tolles Balkonzubehör. Du kannst sie normalerweise in jedem Einrichtungshaus kaufen oder sogar selbst eine bauen! Du kannst dich für Holzspaliere entscheiden, da diese auf Balkonen perfekt aussehen.

- PFLANZGEFÄSSE FÜR DAS GELÄNDER

Pflanzgefäße für das Geländer sind großartige Balkon-Accessoires. Du kannst sie mit schönen blühenden Pflanzen befüllen. Wenn du nicht die Zeit hast, in einen eigenen Garten zu investieren, kannst du dich auch für künstliche Pflanzen entscheiden, um deinen Balkon zu verschönern.

- ## EINE HÄNGELAMPE

Eine Hängelampe ist eine lange Leuchte, die normalerweise mit einer Kette, Schnur oder Metallstange von der Decke abgehängt wird. Sie ist ein tolles Accessoire, das deinen Balkon mühelos aufpeppen kann. Es gibt sie in verschiedenen Stilen, von schicken metallischen Ausführungen bis hin zu antiken Pendelleuchten, wähle eine, die zum Stil deines Bereichs passt.

- ## TRAUMFÄNGER

Ein weiteres hübsches Accessoire für deinen Balkon ist ein Traumfänger. Du kannst einen großen Traumfänger oder mehrere kleine haben. Hänge sie in einer Ecke deines Balkons auf und lass sie mit dem Wind tanzen.

- ## BUNTE KISSEN

Bunte Kissen sind großartig, um deinem Raum einen lebendigen Look zu verleihen. Außerdem lassen sie den Raum gemütlich und komfortabel aussehen. Lege sie auf deine Balkonsofas und -stühle, um sie bequemer und einladender zu machen.

- ## WINDSPIELE

Windspiele sind großartige Balkon-Accessoires. Es wird auch angenommen, dass sie positive Energie in deinen Raum bringen. Sie sehen nicht nur charmant auf deinem Balkon aus, sondern erzeugen auch jedes Mal einen süßen Klang, wenn der Wind weht.

UPCYCLING-MÖGLICHKEITEN FÜR DEINEN BALKONGARTEN

Nachhaltige Bepflanzungsmöglichkeiten dank Upcycling

Bist du auf der Suche nach ein paar lustigen neuen Töpfen und Container für deinen Balkongarten? Hier sind ein paar coole upgecycelte Pflanzengefäße, die du für deinen Balkon verwenden kannst. Diese können in den meisten Häusern gefunden werden und sehen auch auf deinem Balkon super einzigartig und dekorativ aus.

- **SPIELZEUGTRUCKS**

Wenn du Kinder hast, die schon erwachsen sind, kannst du ihre Spielzeugtrucks als upgecycelte Gefäße für Pflanzen verwenden. Diese sehen wunderschön aus und sind ein perfekter Behälter für kleine Kakteenpflanzen. Außerdem sehen sie unglaublich dekorativ und schick aus und sind ein ideales Accessoire für deinen Garten im Freien. Wenn du also das nächste Mal auf der Suche nach einem Pflanzgefäß bist, upcycle einfach ein altes Spielzeug deiner Kinder und du hast ein einzigartiges und schönes Pflanzgefäß für deinen Balkongarten.

- LEERE KOMMODEN

Hast du eine alte Kommode, die du schon lange loswerden wolltest? Bewahre sie auf, denn leere Kommoden sind großartige upgecycelte Pflanzengefäße. Ziehe die Schubladen heraus und fülle sie mit einer hochwertigen Blumenerde. Basierend auf der Tiefe der Schubladen, wähle sorgfältig die Pflanzen aus, die du kultivieren möchtest. Eventuell musst du auch ein paar zusätzliche Löcher am Boden bohren, damit das Wasser versickern kann. Mit nur wenigen Handgriffen hast du ein schönes neues Pflanzengefäß für deinen Balkongarten.

- LEGOBAUSTEINE

Hast du Legosteine zu Hause liegen? Verwende sie, um ein kleines Pflanzengefäß für deinen Balkongarten zu bauen. Diese upgecycelten Pflanzengefäße aus Lego eignen sich hervorragend, um bestimmte Arten von blühenden Pflanzen zu pflanzen oder sogar deinen Kräutergarten zu kultivieren! Du kannst sie auch von deinen Kindern bauen lassen, so dass sie von klein auf in die Gartenarbeit einbezogen werden.

- HÄNGENDES SCHUHREGAL

Verwandle deine alten Schuhregale in lustige Pflanzengefäße für deinen Balkongarten. Sie eignen sich hervorragend für vertikale Gärten, da sie übereinandergestapelt werden können. Fülle die Fächer mit einer guten Blumenerde-Mischung und kultiviere deinen schönen essbaren Kräutergarten. Du kannst diesen an deine Balkonwand hängen und von Zeit zu Zeit ernten, so dass du das ganze Jahr über einen frischen Vorrat an Kräutern in deiner Küche hast.

- **LEERE EINMACHGLÄSER**

Wenn du zahlreiche alte Einmachgläser im Haus herumliegen hast, kannst du sie ganz einfach als Pflanzengefäß für deinen Balkongarten recyceln. Je nach Tiefe des Topfes kannst du darin eine Reihe verschiedener Pflanzen anbauen. Du musst nur ein Loch für das Wasser bohren und gut durchlässige Erde verwenden, damit die Wurzeln deiner Pflanzen nicht im stehenden Wasser verrotten.

- **GUMMISTIEFEL**

Regenstiefel sind perfekte dekorative Pflanzengefäße für deinen Balkongarten. Sie sehen einzigartig aus und sind ein ansehnliches Accessoire für deinen Balkon. Die Verwendung von bunten Regenstiefeln hilft auch, Farbe in deinen Außenbereich zu bringen. Hohe Stiefel sind tief genug, um eine Vielzahl von Pflanzen zu pflanzen. Du musst vielleicht ein paar Löcher an der Unterseite machen, damit das Wasser besser abfließen kann und deine Pflanzen gesünder werden.

- **REIFEN**

Wenn du auf der Suche nach einem einzigartigen hängenden Pflanzengefäß für deinen Außenbereich bist, sind Reifen die perfekte Wahl für dich. Alte Reifen geben ungewöhnliche hängende Pflanzgefäße ab, da sie mit einem stabilen Seil an der Wand oder sogar an der Decke aufgehängt werden können. Sie sehen unglaublich dekorativ aus, wenn sie mit bunt blühenden Pflanzen gefüllt sind.

- **GLÜHBIRNEN**

Alte Glühbirnen als upgecycelte Pflanzengefäße für kleine Setzlinge zu verwenden, ist eine weitere hervorragende Möglichkeit, deinen Abfall zu recyceln. Diese sind am besten geeignet, wenn du sie an die Wand deines Balkons hängst. Sie sind perfekte Pflanzgefäße für Pflanzen, die im Wasser wachsen. Du kannst ein paar Glühbirnen zusammenstecken, um einen hängenden Wassergarten auf deinem Balkon zu schaffen.

■ LEERE WEIDENKÖRBE

Wenn du leere Weidenkörbe im Haus hast, können diese auch als Gefäß für deinen Balkongarten verwendet werden. Je größer der Korb ist, desto größere Pflanzen kannst du darin anbauen. Sie sehen dekorativ aus und geben deinem Raum eine tropische Atmosphäre, vor allem wenn du eine Palmenart darin pflanzt.

■ WEINFLASCHEN

Leere Weinflaschen oder generell leere Glasflaschen können ganz einfach als Pflanzengefäß für deinen Balkongarten umfunktioniert werden. Sie eignen sich hervorragend zum Bepflanzen mit Wasserpflanzen, können aber auch mit Blumenerde gefüllt und mit normalen Pflanzen bepflanzt werden. Eventuell musst du ein paar Löcher in den Boden bohren, damit das Wasser abfließen kann, falls du sie für die Bepflanzung mit Blumenerde verwenden möchtest.

INSPIRIERENDE BELEUCHTUNGEN FÜR DEINEN BALKON

Stilsichere Leuchtmittel für das perfekte Ambiente

Wenn du darüber nachdenkst, deinen Balkon zu verschönern, ist die Beleuchtung etwas, das du in Betracht ziehen musst. Es ist wichtig, das perfekte Licht für deinen Außenbereich zu finden. Die richtige Beleuchtung wird dir helfen, deinen Außenbereich in eine gemütliche Kuschelzone zu verwandeln. Bevor du die richtige Beleuchtungsoption für deinen Bereich auswählst, stelle sicher, dass du alle auf dem Markt erhältlichen Optionen für die Außenbeleuchtung recherchierst. Von Lichterketten bis hin zu solarbetriebenen Laternen, es gibt viele Möglichkeiten, aus denen du wählen kannst.

▪ HÄNGELAMPE

Eine Hängelampe ist eine einzelne Leuchte, die mit einer Schnur, Kette oder Metallstange von der Decke abgehängt wird. Sie sehen sehr elegant aus und können helfen, deinen Außenbereich aufzupeppen. Du kannst eine Vielzahl von einfachen Pendelleuchten finden, aber auch kühnere mit metallischen und glitzernden Oberflächen. Wähle eine, die zu deinem Außenbereich passt.

▪ LICHTERKETTEN

Wie der Name schon sagt, handelt es sich bei Lichterketten um kleine oder mittelgroße Glühbirnen, die an einem Kabel aufgereiht sind. Sie sind ideal für Räume ohne Decke. Lichterketten sind perfekt, um einen gemütlichen Look auf deinem Balkon zu schaffen.

▪ FAIRY LIGHTS

Fairy Lights, sind ähnlich wie String Lights, nur mit einer Kette aus kleinen LED-Birnen. Sie werden hauptsächlich zur Dekoration von Räumen verwendet. Auch hier findest du Lichterketten in verschiedenen Farben und mit unterschiedlichen Übergängen. Sie können deinem Balkon einen eleganten und dennoch gemütlichen Touch verleihen.

▪ LED-VORHANGLICHTER

LED-Vorhanglichter eignen sich hervorragend, um die Kanten deines Balkons zu säumen oder vielleicht die Wand deines Außenbereichs zu dekorieren. Sie sehen auch fantastisch aus, wenn du sie mit transparenten Vorhängen kombinierst, falls du diese auf deinem Balkon als Sichtschutz hast.

▪ KERZEN

Eine weitere gute Idee für die Beleuchtung deines Balkons ist die Verwendung von klassischen Kerzen. Diese verleihen deinem Außenbereich einen sehr romantischen Touch. Sie sind großartige, budgetfreundliche Beleuchtungsoptionen. Achte nur darauf, dass du eine Abdeckung für jede Kerze wählst, da du nicht willst, dass der Wind sie hin und wieder wegbläst. Eine

Cloche um sie herum ist auch ein guter Weg, um unerwünschte Gefahren auf deinem Balkon zu vermeiden.

- ## LATERNEN

Eine tolle Möglichkeit, deinen Außenbereich zu dekorieren und zu beleuchten, sind dekorative Laternen. Diese können an der Wand befestigt oder auf den Boden oder den Tisch gestellt werden. Du kannst schöne Laternen in verschiedenen Designs und Ausführungen finden, die zu fast jedem Budget passen.

- ## SOLARLEUCHTEN

Solarleuchten sind eine tolle grüne Option für deine Außenbeleuchtung. Du kannst in Erwägung ziehen, diese zu kaufen, da sie dir helfen, deine Stromrechnung zu senken. Von solarbetriebenen Lichterketten bis hin zu hängenden Solarleuchten findest du heute eine große Auswahl auf dem Markt. Sie werden normalerweise mit einem Solarpanel auf einer Stange geliefert. Dieses Solarpanel muss an einer Stelle angebracht werden, die tagsüber direktes Sonnenlicht abbekommt.

- ## DECKENLEUCHTEN

Wenn du deinen Außenbereich zusätzlich beleuchten möchtest, solltest du dich nach natürlichen Deckenleuchten umsehen. Diese sind ideal für größere Außenbereiche, da sie hell genug sind, um größere Flächen zu beleuchten.

- ## BUCHSTABENLICHTER

Eine weitere dekorative Beleuchtung für deinen Außenbereich sind Buchstabenlichter. Diese können so angepasst werden, dass sie jedes beliebige Wort buchstabieren. Sie sehen toll aus und geben deinem Außenbereich einen dekorativen und gemütlichen Touch.

- LED-LICHTER IN FLASCHEN

Eine lustige DIY-Beleuchtungsoption für deinen Raum können LED-Licht-Gläser sein. Du kannst deine leeren Weinflaschen wiederverwenden und batteriebetriebene LED-Lichterketten kaufen, die mit einem Weinkorken verbunden sind. Die LED-Lichter in den Flaschen können sowohl zur Dekoration als auch zur Beleuchtung deines Raumes verwendet werden.

Wenn du darüber nachdenkst, deinen Balkon zu verschönern, ist Beleuchtung etwas, das du in Betracht ziehen musst. Es ist wichtig, das perfekte Licht für deinen Außenbereich zu finden. Die richtige Beleuchtung wird dazu beitragen, deinen Außenbereich in deine gemütliche Kuschelzone zu verwandeln.

VIELEN DANK FÜR DEINE ZEIT!

Mein erster Balkongarten

Ich hoffe sehr, dass du mit dem Buch und dem Inhalt zufrieden bist und viele neue Informationen rund um das Gärtnern auf dem Balkon, den besten Bepflanzungstipps und wertvolles Fachwissen gewinnen konntest.

Die Zufriedenheit der Leser ist mir als Autor wichtig und ich freue mich, wenn du mir deine Eindrücke und Feedback mitteilen könntest. Es wäre toll, wenn du dir kurz die Zeit nehmen würdest, eine *ehrliche* Bewertung bei Amazon zu schreiben. Denn damit hilfst du auch anderen Leser*innen bei der Auswahl der idealen Balkongarten-Lektüre.

Um deine Bewertung zu schreiben und abzuschicken, genügt ein Besuch auf der Produktseite bei Amazon oder direkt in deinem Kundenkonto.

Herzlichen Dank,
deine Marie Felix

KLEINSTADT PUBLISHING ©

www.kleinstadtpublishing.de
Markus Winter
hallo@kleinstadtpublishing.de
Mittelbachstraße 42
D-96052 Bamberg
Druck u. Versand: Amazon EU Sarl

Mehr denn je arbeiten Unternehmen auf der ganzen Welt hart daran, ihren ökologischen Fußabdruck zu verkleinern. Und das aus gutem Grund. Jedes Unternehmen, ob groß oder klein, trägt zu den allgemeinen Auswirkungen auf die Umwelt bei. Deshalb ist es für alle, die an die Zukunft unseres Planeten denken, sinnvoll, sowohl im Büro als auch zu Hause umweltfreundliche Praktiken anzuwenden. Daher haben wir uns von *Kleinstadt Publishing* entschieden, keine Farbfotografien in unsere Printmedien einzufügen.